Exercez-vous
aux tests d'entreprises

Dans la même série

Découvrez votre moi caché

Entraînez-vous aux nouveaux tests psychotechniques

Évaluez votre Q. I.

Exercez-vous aux tests psychotechniques

Mémoire mode d'emploi

Musclez votre Q. I.

Les Psychojeux

Réussir aux tests d'embauche

Chantal de Séréville, Bernard Myers

Exercez-vous aux tests d'entreprises

Passeport pour le succès

Le Livre de Poche

Sommaire

Introduction — 7
- Les tests
- L'entraînement
- Le passage du test

Les séries visuelles — 13
- Les déplacements
- Les rotations
- Les modifications
- Check-list

Les tests de compréhension verbale — 35
- Tests de vocabulaire
- Tests de compréhension

Les tests de dominos — 43
- Les séries
- Les opérations
- Les répartitions
- Check-list

Les tests de raisonnement — 67

Les tests de matrices — 73
- Les répartitions
- Les superpositions
- Les transformations
- Les assemblages
- Horizontalement ou verticalement ?
- Check-list

Les tests de séries — 105
- Les séries de nombres

Les séries de lettres
Les séries mixtes, nombres et lettres
Check-list

Les tests de cartes à jouer —— 115
Valeur
Couleur
Check-list

Les tests d'attention —— 139
Identité
Ordre numérique
Ordre alphabétique
Comparaisons de listes
Comparaisons numériques
Comparaisons, ordre différent
Tri sélectif

Les tests de mémoire —— 149

Solutions commentées —— 161

Introduction

Les tests

Après plus d'un demi-siècle d'application, les tests de sélection continuent d'être contestés, tant sur le fond que sur la forme. Mais après cinquante ans d'usage, ils sont toujours employés, aussi bien dans l'enseignement que dans l'entreprise pour la sélection et le recrutement du personnel. La polémique entre partisans et adversaires des tests demeure toujours vive.

Nous n'allons pas entrer dans ce débat, mais dans la mesure où ces tests sont utilisés, mieux vaut y réussir. Vous y aider est le but de ce livre.

Nous nous cantonnerons aux tests dits d'intelligence, laissant à d'autres le soin de vous conseiller pour les tests de personnalité (connus plus généralement sous le terme de tests « psy »).

Peut-on s'entraîner aux tests d'intelligence ? Ou plus précisément, avec de l'entraînement, obtient-on de meilleurs résultats lors du passage d'un test ? À cette question, nous répondons résolument **« oui ! »**. Nous ne sommes d'ailleurs pas seuls à donner cette réponse, et même les psychologues qui défendent leurs tests, concèdent que l'entraînement et la familiarité avec les différents types de tests permettent d'améliorer les résultats de quinze pour cent, ce qui n'est pas négligeable. Nous, nous pensons qu'une bonne familiarité avec les différentes sortes d'épreuves peut faire progresser bien au-delà de ce pourcentage.

Avant d'entrer dans les détails de l'entraînement proprement dit, un mot sur la façon d'aborder ce genre d'exercices : amusez-vous ! Si vous vous divertissez avec ces petits défis à votre intelligence, vous les réussirez bien mieux que si vous les abordez comme une corvée. Nous osons espérer, d'ailleurs, que nombre de nos lecteurs ne se préparent nullement à passer un test d'entreprise, mais qu'ils ont choisi ce livre pour le plaisir de faire fonctionner leurs neurones.

L'entraînement

Les tests posent deux problèmes majeurs aux candidats novices : que faut-il faire ? Et comment le faire en si peu de temps ?

Que faut-il faire ?

Les instructions des tests sont généralement parfaitement claires, mais cela n'aide pas pour autant le candidat inexpérimenté. Il comprend qu'il faut, par exemple trouver la suite à une série, mais il ne saura pas pour autant que pour la trouver il faut faire des superpositions, des rotations, etc. Les exercices qui suivent présentent la plupart des cas de figures qu'un candidat peut trouver. Il sera donc familiarisé avec les divers mécanismes utilisés par les testeurs. Il saura ce qu'il doit faire.

Comment le faire ?

La grande majorité des tests sont très sévèrement limités dans le temps. Le candidat dispose souvent de moins d'une minute par question, ce qui est court, même pour une personne avertie. Il faut donc développer une tactique.

La familiarité avec les différentes sortes de questions permet généralement de faire un tri extrêmement rapide pour trouver le type de raisonnement utilisé. Telle figure signifie neuf fois sur dix telle sorte de raisonnement (une rotation, une superposition, etc.). Pour cette raison, nous avons pour chaque test, groupé les raisonnements utilisés en trois ou quatre grandes catégories. Celles-ci sont définies dans l'introduction qui précède chaque catégorie de tests.

La pratique répétée de nombreux exemples permet souvent au candidat, une fois la catégorie déterminée, de trouver la bonne solution, presque d'instinct. Ensuite il doit, bien entendu, appliquer son raisonnement pour vérifier son intuition.

Si aucune solution ne semble s'imposer, deux possibilités s'offrent : chercher ; passer à la question suivante.

CHERCHER

Imaginez. Les exercices proposés par ces tests exigent souvent une certaine flexibilité dans le raisonnement. Il faut savoir chercher dans de nombreuses directions, et ne pas suivre uniquement les sentiers battus. C'est pour cette raison que la plupart des exercices dans les pages qui suivent sont accompagnés de questions, de légers « coups de pouce », de réflexions d'ordre général. Nous voulons vous encourager à chercher, et à trouver vos propres méthodes de recherches. Par ailleurs, à la fin de chaque section qui le nécessite, nous donnons une *check-list* indiquant les principales questions que le candidat peut se poser pour trouver à la fois le type de problème et sa spécificité. Il ne s'agit, bien entendu, que d'un guide et non d'une recette-miracle permettant de tout trouver sans réfléchir. Les solutions qui se trouvent en fin de volume ont été rédigées dans le même esprit : elles essayent de démonter les mécanismes et d'indiquer les différentes approches possibles.

Triez l'information à votre disposition. Si le test est bien fait (c'est généralement le cas), vous avez pour chaque exercice, non seulement les données suffisantes pour trouver la solution, mais souvent des données supplémentaires ou une présentation particulière qui cachent un raisonnement relativement simple. Quand cela est possible, il faut essayer d'écarter les données gênantes. Par exemple, dans les tests de dominos, la disposition des pièces n'a aucune signification en soi (en colimaçon ou en ligne droite, la solution est la même) ; il faut donc essayer de redresser la ligne ou tout du moins ignorer son mouvement en spirale. Avec les cartes à jouer il faut trouver la couleur et la valeur, mais il vaut mieux considérer d'abord séparément l'une, puis l'autre.

Utilisez toute l'information. Quand un exercice présente un choix de solutions, utilisez ce choix pour accélérer votre réflexion. Les instructions peuvent également contenir des informations (« Trouvez les deux... » signifie qu'il y en a deux, pas plus, pas moins).

Éliminez. En procédant par élimination, on peut arriver à la bonne solution ou au moins à déblayer le champ de réflexion. Ainsi dans les séries visuelles ou les tests de matrices, on peut généralement éliminer un bon nombre des solutions proposées en appliquant un seul critère : par exemple, si l'exercice ne comporte que des ronds noirs, on peut sans grand risque de se tromper éliminer les solutions présentant des carrés ou des ronds blancs. Le choix plus restreint limite à son tour les interprétations que l'on peut faire de l'exercice proprement dit.

Passer à la question suivante

Malgré tous nos conseils, il arrive néanmoins que des questions résistent. Qu'on les prenne dans un sens ou dans un autre, elles ne veulent pas livrer leur secret. Dans ces cas-là, il vaut mieux ne pas perdre trop de temps et passer rapidement à la question suivante, démarche qui ne vous interdit pas de revenir quelque temps plus tard à la question qui posait problème.

Nous mettrons cependant un léger bémol à ce dernier conseil en vous recommandant d'être vous-même. Si vous avez un tempérament de bûcheur acharné, si vous êtes quelqu'un de consciencieux qui ne lâche pas une tâche avant qu'elle ne soit achevée, ne vous faites pas trop violence pendant le test en vous obligeant à voltiger d'une question à l'autre. En effet, bien mené, le test doit prendre en compte non seulement le nombre de réponses justes, mais également la façon dont le candidat les aborde. Selon l'emploi ou le poste à pourvoir, on se tournera soit vers un sujet consciencieux, mais un peu lent, soit vers un candidat qui donne de nombreuses réponses, mais évite les difficultés.

Le passage du test

Le jour « J » essayez d'être en forme (si vous avez fêté le mariage de votre meilleur copain jusqu'aux petites heures du matin, vos résultats risquent d'en souffrir !). Évitez les drogues stimulantes ou relaxantes qui ont souvent des effets spectaculaires, mais rarement dans le sens souhaité. Essayez d'être détendu, ce qui est plus facile à dire qu'à faire ! Quand vous faites le test, prenez garde de ne pas gaspiller bêtement des points en cochant par mégarde une case autre que celle voulue : tout le travail de « cogitation » est bon, mais il est finalement gâché par une demi-seconde d'inattention.

Avant le test, si cela est possible, n'hésitez pas à vous entretenir avec les organisateurs. La conversation brise la glace et estompe l'aspect examen scolaire. Vous êtes entre adultes : il n'y a ni maître ni élève.

De toute façon, n'oubliez pas que, entraîné comme vous l'êtes, le champion, c'est vous !

Les séries visuelles

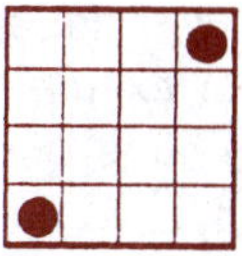

Pour chaque exercice,
trouvez la figure suivante de la série.

La série est un principe très apprécié des concepteurs de tests, car avec la simple question : « Quel signe continue la série ? », il est possible de créer des exercices d'une grande diversité. Les mathématiciens et autres logiciens, en revanche, sont extrêmement critiques pour les tests de série. Ils leur reprochent notamment, de donner des solutions uniques alors que souvent, en cherchant bien, on peut en trouver un grand nombre. Et pour démontrer leurs propos, ils expliquent qu'à la série 1, 2, 3, on peut fort bien trouver des suites autres que celle à laquelle on s'attend. Par exemple :
1, 2, 3... 1 (dans une série qui répète les 3 premiers chiffres 123, 123, 123) ;
1, 2, 3... 2 (dans une série qui croît et qui décroît : 1, 2, 3, 2, 1) ;
1, 2, 3... 3 (dans une série où l'on répète chaque nombre impair) ;
1, 2, 3... 4 (sans explications !) ;
1, 2, 3... 5 (où chaque nombre représente la somme des deux précédents, plus connue sous le nom de « suite de Fibonacci ») ;
1, 2, 3... 6 (où alternativement on multiplie par deux et l'on ajoute un : 1 (x 2) 2 (+ 1) 3 (x 2) 6 (+ 1) 7 ; et ainsi de suite...

Mais les défenseurs des tests ne sont nullement impressionnés par de tels raisonnements et répliquent que les tests ne sont pas conçus pour mettre à l'épreuve les imaginations les plus débridées. Bien au contraire, le testeur cherche un candidat qui donnera des réponses pleines de bon sens, qui trouvera les solutions évidentes et qui n'a pas un esprit assez pervers pour dire que 5 est la suite de 123 ! Donc, futurs candidats, n'essayez pas de briller par votre originalité, elle ne sera pas récompensée.

Les séries ont d'ailleurs prouvé leur efficacité dans les tests dits d'intelligence où elles sont très largement utilisées ainsi que dans les tests d'entreprises. Dans ces derniers, c'est le test de Bonnardel qui est le plus couramment utilisé, et les exemples qui suivent en sont très largement inspirés.

Ce test se présente sous la forme de soixante exercices et on dispose de 15 minutes, autrement dit, de 15 secondes par question. Faut-il le préciser, peu de candidats réussissent à répondre à toutes les questions. Une bonne familiarité avec ce genre d'épreuve permet cependant de gagner de précieuses secondes...

Les questions se présentent toutes de la même façon : trois figures commencent une série et le candidat doit trouver la figure suivante, parmi un choix de six autres figures. Nous avons regroupé ces tests en trois catégories.

Les déplacements

En comparant les trois premières figures de la série, on constate souvent qu'elles comportent les mêmes éléments, mais dans des positions différentes. Ces trois premières figures sont un peu comme trois clichés successifs d'un déplacement. Le candidat doit analyser le déplacement et le poursuivre mentalement pour trouver la quatrième figure.

Quand les carrés de la série comprennent une grille (la plupart du temps, un quadrillage de quatre cases sur quatre), il s'agit presque toujours d'un exercice de déplacement. Des figures géométriques (rond, carré, triangle, etc.) se déplacent dans la grille, presque toujours en ligne droite et généralement en avançant d'une case à la fois. Les mouvements peuvent être horizontaux, verticaux ou en diagonale, dans un sens comme dans l'autre.

Diverses ruses des concepteurs rendent la progression parfois difficile à identifier. Plusieurs déplacements peuvent avoir lieu simultanément et les trajectoires, en s'imbriquant ou en se superposant, deviennent plus difficiles à reconnaître. Parfois les figures comprennent des caches, et les déplacements sont masqués quand ils passent à cet endroit. Par ailleurs, si un déplacement mène hors du cadre de la grille, il se poursuit généralement en entrant de nouveau dans la grille par le côté opposé.

On rencontre également des déplacements dans les figures ne comprenant pas de grilles. Ces déplacements prennent alors souvent la forme d'un mouvement qui tourne à l'intérieur du carré, soit dans le sens des aiguilles d'une montre, soit en sens inverse. Plusieurs déplacements circulaires peuvent se produire en même temps, certains dans un sens, et d'autres, en sens inverse.

Les rotations

Il s'agit souvent d'une simple variante des déplacements circulaires, mais quand les figures comportent des lignes qui partent du centre vers les coins et les côtés, il s'agit le plus souvent de rotations, ou de mouvements qui rappellent ceux des aiguilles d'une montre. Celles-ci, comme pour les déplacements, peuvent être multiples, en sens contraires, et peuvent se superposer.

Les rotations peuvent s'appliquer à des formes géométriques que l'on retrouve dans la grille. Par exemple, un triangle peut, tout en progressant vers la droite, tourner sur lui-même d'un quart de tour dans le sens des aiguilles d'une montre, à chaque déplacement.

Les modifications

Les éléments de chaque figure peuvent progresser dans la série, non pas en se déplaçant, mais en se modifiant. Les éléments deviennent ainsi plus nombreux, changent de dimension ou de couleur. Autre modification : les figures utilisent des séries déjà connues, l'alphabet et les chiffres. Ces modifications viennent le plus généralement en accompagnement d'un autre mouvement.

Vous pouvez restreindre considérablement le choix en excluant d'emblée les solutions irréalisables (contenant un élément manifestement impossible).

Exercice N° 1 :
Quelle figure poursuit la série ?

1 2 3 4 5 6

Le déplacement régulier, d'une case à l'autre, est un principe qui revient régulièrement dans les séries : notez la progression des deux ronds et continuez-la d'une étape pour former la case à trouver.

Exercice N° 2 :
Quelle figure poursuit la série ?

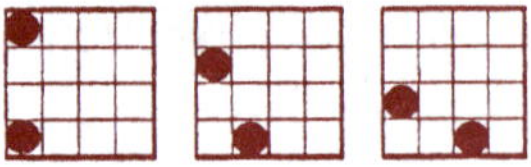

1 2 3 4 5 6

La progression se complique un peu du fait que les deux ronds qui se déplacent ne sont plus différenciés. Il faut les « suivre » mentalement, pour trouver où ils aboutissent. N'en suivez qu'un à la fois !

Exercice N° 3 :
Quelle figure poursuit la série ?

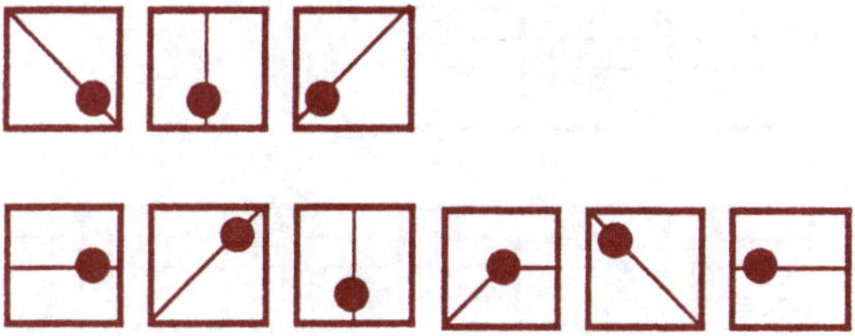

1 2 3 4 5 6

Un autre principe de base des séries graphiques : la rotation. À noter que le style de dessin, avec une barre qui traverse la case, est typique de ce genre d'exercice.

Exercice N° 4 :
Quelle figure poursuit la série ?

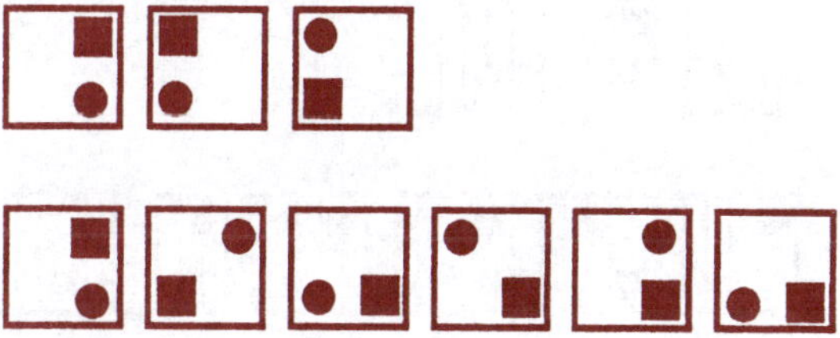

1 2 3 4 5 6

Deux éléments se déplacent en sens inverse autour du carré. Variante de la rotation, cette figure se prête également à de nombreuses complications !

Exercice N° 5 :
Quelle figure poursuit la série ?

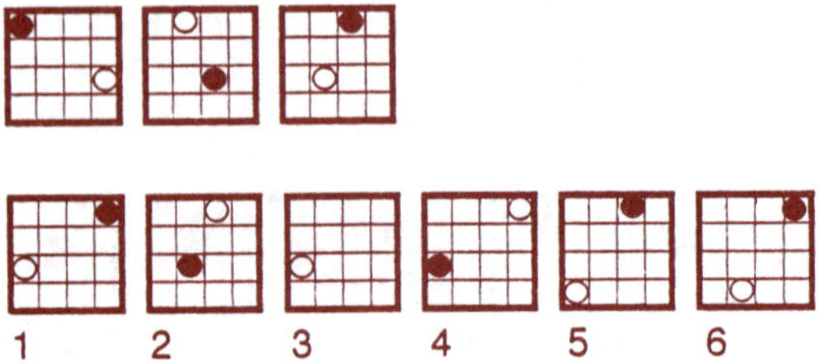

Ici les ronds semblent sauter d'un endroit à l'autre. Cependant, en suivant uniquement la progression horizontale, on voit qu'un même rond progresse régulièrement, mais en passant alternativement du noir au blanc.

Exercice N° 6 :
Quelle figure poursuit la série ?

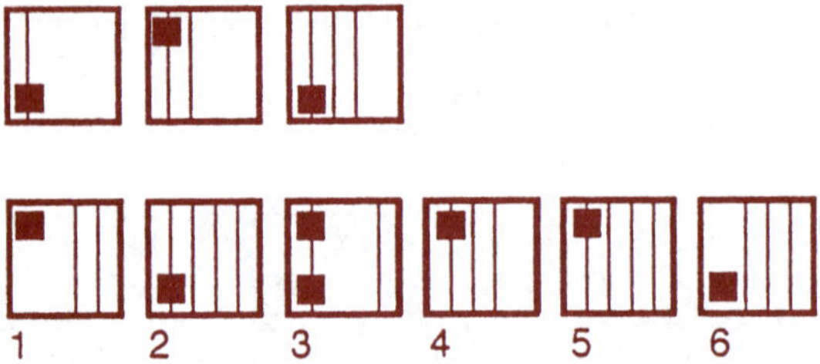

Découvrons un autre principe des séries graphiques : la progression selon la quantité. L'augmentation du nombre de lignes verticales est ici partiellement camouflée par le mouvement du carré noir.

Exercice N° 7 :
Quelle figure poursuit la série ?

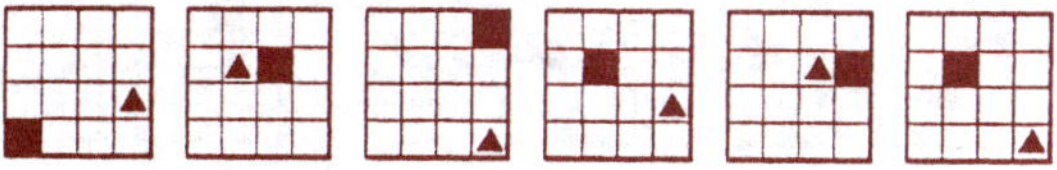

1 2 3 4 5 6

Notez que les progressions ne sont pas uniquement horizontales ou verticales. Par ailleurs, quand un élément « sort » à droite, souvent, il « rentre » à gauche dans la grille suivante.

Exercice N° 8 :
Quelle figure poursuit la série ?

1 2 3 4 5 6

Double mouvement : les triangles tournent autour du carré et tournent sur eux-mêmes. On peut également interpréter la progression, comme étant le carré entier qui tourne, avec les dessins fixés dessus.

Exercice N° 9 :
Quelle figure poursuit la série ?

1 2 3 4 5 6

Petit exercice pour suivre les éléments, même quand ils sortent de la grille, comme nous l'avons vu au N° 7. La « sortie » en diagonale est la moins facile à suivre.

Exercice N° 10 :
Quelle figure poursuit la série ?

1 2 3 4 5 6

Les hachures sont parfois moins faciles à reconnaître, mais on peut les considérer comme les formes habituelles. En suivant un seul carré, on peut éliminer plus de la moitié des solutions.

Exercice N° 11 :
Quelle figure poursuit la série ?

1 2 3 4 5 6

Prenez les lettres comme tout autre signe utilisé dans ces séries. Remarquez le mouvement particulier du B et du point noir.

Exercice N° 12 :
Quelle figure poursuit la série ?

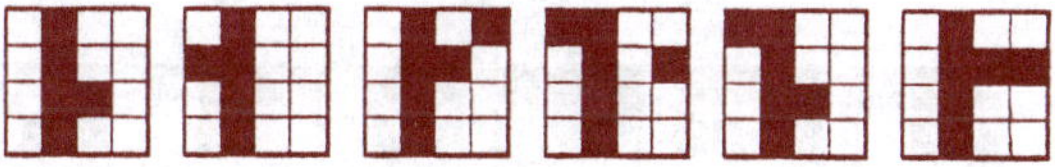

1 2 3 4 5 6

Certains carrés ne bougent pas et agissent comme un cache. Il faut tenir compte du fait que les autres carrés continuent de progresser derrière le cache.

Exercice N° 13 :
Quelle figure poursuit la série ?

1 2 3 4 5 6

L'analogie avec les aiguilles d'une montre s'impose. La difficulté ici, cependant, vient du fait que les traits ne sont pas différenciés. Il faut trouver une progression régulière pour chaque aiguille.

Exercice N° 14 :
Quelle figure poursuit la série ?

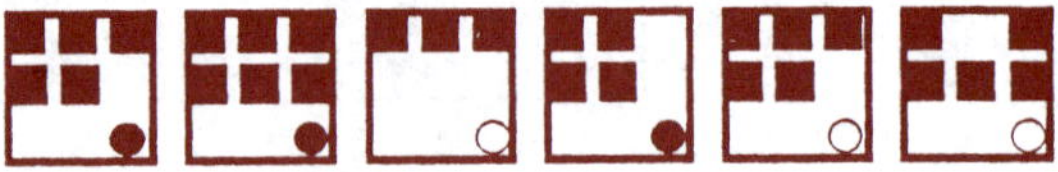

1 2 3 4 5 6

Que font les petits carrés ? Que fait le rond ? Continuer la progression de l'un et de l'autre pour trouver la quatrième case !

Exercice N° 15 :
Quelle figure poursuit la série ?

1 2 3 4 5 6

Une variante de l'exercice N° 13. Quand on ne voit plus qu'un trait, il y a deux interprétations possibles : soit un trait annule l'autre, soit un trait recouvre l'autre. À vous de trouver la bonne interprétation !

Exercice N° 16 :
Quelle figure poursuit la série ?

1 2 3 4 5 6

Il est ici plus difficile de suivre le déplacement des divers éléments, car ils se transforment légèrement à chaque fois.

Exercice N° 17 :
Quelle figure poursuit la série ?

1 2 3 4 5 6

À l'évidence, nous sommes dans un exercice de déplacement. Il faut trouver si tous les carrés se déplacent, et dans quel sens.

Exercice N° 18 :
Quelle figure poursuit la série ?

1 2 3 4 5 6

La simplicité des trois premiers cadres permet plusieurs interprétations. Il faut en trouver une qui aboutisse à l'une des solutions proposées au-dessous.

Exercice N° 19 :
Quelle figure poursuit la série ?

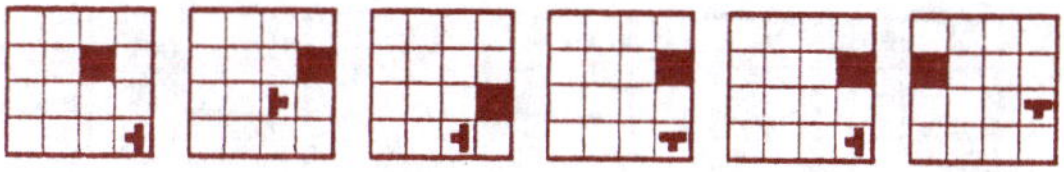

1 2 3 4 5 6

Bien regarder le déplacement de la forme en T. Il y a un double mouvement dont il faut tenir compte. Le carré noir se déplace en diagonale.

Exercice N° 20 :
Quelle figure poursuit la série ?

1 2 3 4 5 6

Les carrés hachurés remplacent des figures géométriques, mais le principe est le même : quel est le mouvement des différents types de carrés ? Tournent-ils tous ? Tournent-ils tous dans le même sens ?

Exercice N° 21 :
Quelle figure poursuit la série ?

1 2 3 4 5 6

Deux progressions relativement simples, mais qui doivent être prises en considération l'une et l'autre pour arriver à la bonne solution.

Exercice N° 22 :
Quelle figure poursuit la série ?

1 2 3 4 5 6

Cette fois-ci, il y a trois aiguilles à suivre. L'une d'elles a une particularité.

Exercice N° 23 :
Quelle figure poursuit la série ?

1 2 3 4 5 6

Vous êtes désormais familiarisé avec ce genre d'exercice. La difficulté est de l'analyser à la vitesse requise. N'oubliez pas que, quand le nombre de carrés noirs diminue puis augmente de nouveau, il s'agit généralement d'une superposition temporaire.

Exercice N° 24 :
Quelle figure poursuit la série ?

1 2 3 4 5 6

Les positions relatives du rond et du petit carré sont-elles toujours les mêmes ? Selon quel critère ces figures changent-elles de couleur ?

Exercice N° 25 :
Quelle figure poursuit la série ?

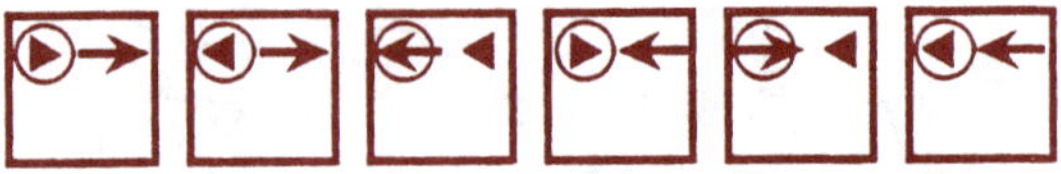

1 2 3 4 5 6

Trois éléments qui progressent différemment, mais un coup d'œil rapide au choix des réponses montre que pour l'un d'eux, le choix est imposé. Donc se concentrer sur les deux autres !

Exercice N° 26 :
Quelle figure poursuit la série ?

1 2 3 4 5 6

Les hachures changent régulièrement : selon quelle règle ? Le rond se déplace. Change-t-il de couleur ?

Exercice N° 27 :
Quelle figure poursuit la série ?

1 2 3 4 5 6

La disposition est inhabituelle, mais le principe demeure inchangé. Les triangles tournent-ils dans le même sens ? Quand changent-ils de couleur ?

Exercice N° 28 :
Quelle figure poursuit la série ?

1 2 3 4 5 6

Des chiffres et des lettres remplacent les figures, mais ils sont traités comme des formes géométriques dont il faut reconnaître l'orientation.

Exercice N° 29 :
Quelle figure poursuit la série ?

1 2 3 4 5 6

Bien noter la position relative des carrés avec les traits qu'ils semblent suivre. La difficulté, ici, est surtout dans la visualisation car le mouvement des éléments est relativement simple.

Exercice N° 30 :
Quelle figure poursuit la série ?

1 2 3 4 5 6

Exercice semblable au précédent. Bien suivre chaque élément à tour de rôle en éliminant au fur et à mesure les solutions impossibles.

LES SÉRIES VISUELLES CHECK-LIST

Les déplacements

S'agit-il d'une progression horizontale, verticale ou en diagonale ? S'il y a temporairement un ou deux éléments de moins, y a-t-il eu une superposition de plusieurs déplacements ?

Les pistes sont-elles occultées par un cache ? Le déplacement est-il camouflé par des changements de forme ? de couleur ? d'orientation des formes géométriques ?

Le déplacement mène-t-il hors du cadre ? Rentre-t-il de nouveau par le côté opposé ?

S'agit-il d'un déplacement autour du grand carré ?

Dans le sens des aiguilles d'une montre ? Dans le sens inverse ? Plusieurs déplacements en plusieurs directions ?

Les formes géométriques restent-elles toujours orientées de la même manière ? Par rapport à la base du carré ? Ou par rapport au centre ?

Les rotations

Quel est le sens de rotation ?

Les différents éléments tournent-ils dans le même sens ou pas ?

Chaque déplacement représente-t-il un quart de tour ? Un huitième de tour ? Une autre proportion ?

Un déplacement est-il occulté par un cache ?

Un mouvement paraît-il irrégulier à cause d'une superposition ?

Une forme géométrique tourne-t-elle sur elle-même ? (Bien regarder les triangles : s'ils tournent de 90°, l'orientation change, mais cela ne saute pas aux yeux.)

Les modifications

Les formes géométriques identiques augmentent-elles en nombre ?

Une même forme géométrique change-t-elle régulièrement de couleur (en général, alternativement blanc et noir) ?

Un élément change-t-il de taille (plus grand, plus petit, plus haut, plus large...) ?

Retrouve-t-on une série connue : les lettres, les voyelles, les chiffres, les chiffres pairs, les chiffres impairs... ?

Les tests de compréhension verbale

Comment juger si un candidat est capable de bien interpréter un texte, de comprendre les véritables significations de phrases complexes ou de maîtriser les subtilités du vocabulaire ? Plusieurs tests se sont attachés à cette tâche ardue avec un bonheur inégal. Si les épreuves de vocabulaire sont généralement satisfaisantes, les tests de compréhension sont souvent très critiqués.

Dans ce domaine, ce sont les tests de Bonnardel qui se sont imposés, et les bureaux de recrutement utilisent encore très souvent ces tests de compréhension verbale, surtout le BV8, et les BV16, 17, 50 et 51.

Le BV8 est un test de vocabulaire assez classique où le candidat doit souligner dans une liste de six mots, celui dont le sens diffère des cinq autres. Si, ici ou là, les solutions peuvent être contestées, la plupart sont sans ambiguïté. Le test est cependant moins facile qu'il n'y paraît, même pour une personne ayant un vocabulaire étendu. En effet, il y a un petit travail de logique, qui consiste à délimiter une signification qui englobera cinq mots mais pas le sixième. Avec un peu de pratique vous y arriverez sans trop de peine.

Les tests qui portent plus spécifiquement sur la compréhension se présentent sous la forme d'une maxime, d'un proverbe ou toute autre locution, suivis de quatre ou six autres phrases. Le candidat doit choisir, parmi ces dernières, les deux phrases qui ont la signification la plus proche de la maxime de départ. Les résultats sont ensuite notés selon un barème qui donne entre – 2 et + 2 points par réponse. C'est ici que les contestations sont les plus vives ! En effet, chacun juge selon des critères personnels qui ne recoupent pas toujours les décisions du concepteur du test.

Il est impossible d'éviter toute ambiguïté, mais il est peut-être utile de souligner que le test veut éprouver la compréhension verbale et non pas la logique. Il faut donc essayer de prendre en considération la signification générale d'une maxime, plutôt que la spécificité de l'énoncé. Ainsi avec la proposition : « Paris ne s'est pas fait en un jour », il ne faut pas choisir la phrase qui en découle le plus directement (et qui seule serait considérée juste dans un exercice de logique), c'est-à-dire : « La capitale de la France a été construite pendant des siècles. » En effet, quand un auteur utilise cette maxime, il ne fait aucunement référence à Paris, mais tout simplement au temps qu'il estime nécessaire pour accomplir de grandes choses. Les exemples suivants se sont efforcés de suivre cette démarche, mais contrairement aux problèmes de logique, pour une fois, toutes les opinions et toutes les contestations sont permises !

Test de vocabulaire

Soulignez, dans chaque série, le mot dont le sens diffère de celui des autres.

1 - Cousin, grand-père, sœur, neveu, filleul, oncle.
2 - Chanter, crier, protester, hurler, fredonner, chuchoter.
3 - Néfaste, inverse, contraire, adverse, antithèse, opposé.
4 - Canotier, mitre, melon, cavatine, tricorne, képi.
5 - Méandre, estuaire, source, fleuve, embouchure, confluent.
6 - Répandre, parsemer, disséminer, éparpiller, diffuser, enrober.
7 - Audacieux, outrecuidant, casse-cou, brave, téméraire, hardi.
8 - Antagonisme, désaccord, dissension, altercation, opposition, divergence.
9 - Aquatique, aquicole, nautique, maritime, pélagique, abyssal.
10 - Momentané, temporaire, éphémère, fulgurant, transitoire, provisoire.
11 - Appesantir, charger, alourdir, lester, pondérer, surcharger.
12 - Aduler, courtiser, louer, exhorter, flagorner, encenser.
13 - Belliqueux, agressif, violent, atrabilaire, martial, guerrier.
14 - Imiter, improviser, parodier, caricaturer, pasticher, plagier.
15 - Allure, maintien, comportement, inclinaison, conduite, attitude.

Test de compréhension

Pour chaque question, cochez les deux phrases qui ont la signification la plus proche de la maxime.

1 - Paris ne s'est pas fait en un jour.

A - Une ville est le résultat d'un long processus historique qu'il ne faut pas négliger.
B - Le temps est nécessaire à l'accomplissement de toute tâche ambitieuse.
C - La capitale de la France s'est construite pendant des siècles.
D - Il faut du temps pour faire les belles choses.

2 - Le chat parti, les souris dansent.

A - La démocratie, c'est la gabegie.
B - Chacun profite de sa liberté au détriment d'autrui.
C - Les subordonnés profitent de l'absence des supérieurs pour s'amuser.
D - En l'absence d'un maître, les personnes qui sont sous ses ordres ne travaillent plus.

3 - Comme on fait son lit, on se couche.

A - On ne dispose que des avantages que l'on s'est ménagés.
B - On doit subir les conséquences de sa conduite.
C - Une fois qu'on a bien travaillé, on peut se reposer.
D - C'est parce qu'on travaille qu'on est fatigué.

4 - Les petits ruisseaux font les grandes rivières.
A - Les petits profits en s'accumulant font de gros bénéfices.
B - Avec le temps, les enfants deviennent des adultes.
C - Ce sont les petites gens qui se battent pour les grandes causes.
D - La somme des petits gestes produit de grands résultats.

5 - Il ne faut pas jeter le manche après la cognée.
A - Il ne faut pas se décourager.
B - Il ne faut pas travailler en dépit du bon sens.
C - Ce n'est pas parce que les choses vont mal, qu'il faut renoncer.
D - Il faut toujours faire les choses dans le bon ordre.

6 - Faute de grives, on mange des merles.
A - Un vrai cuisinier sait faire un bon repas avec trois fois rien.
B - Il faut savoir manger de tout.
C - À défaut du meilleur, profitons de ce dont on dispose.
D - Il faut savoir se contenter de ce que l'on a.

7 - Sachez garder une poire pour la soif.
A - Il faut économiser pour avoir des moyens en cas de nécessité.
B - La vie est plus belle après des privations.
C - Il faut se réserver pour les besoins à venir.

D - Il faut savoir utiliser les ressources les plus inattendues.
E - Un tiens vaut mieux que deux tu l'auras.
F - Il faut savoir couper la poire en deux.

8 - Des goûts et des couleurs, on ne discute point.

A - Quand les faits sont incontestables, rien ne sert d'en débattre.
B - À chacun ses goûts.
C - Ce que l'on aime n'est pas du domaine du rationnel.
D - Ne parlez pas des goûts des autres, vous risqueriez de les froisser.
E - Il y a des sujets qu'il vaut mieux ne pas aborder.
F - Chacun voit midi à son clocher.

9 - Il ne faut pas mettre tous ses œufs dans le même panier.

A - Il faut savoir partager une tâche pour que tout le monde travaille un peu.
B - On ne fait pas une omelette sans casser des œufs.
C - Il faut de tout pour faire un monde.
D - Répartissez les risques.
E - Ne faites pas tout le travail d'un coup, à chaque jour suffit sa peine.
F - Ne mettez pas tous vos fonds dans une même affaire, au risque de tout perdre.

10 - Qui va doucement va sûrement.

A - Si on ne se dépêche pas, on est sûr d'arriver.
B - Qui veut voyager loin ménage sa monture.
C - Peu importe les moyens, seul le but compte.
D - Rien ne sert de courir, il faut partir à temps.
E - On réussit mieux en étant consciencieux, plutôt qu'en agissant dans la précipitation.
F - Seule la lenteur est une garantie de pérennité.

Les tests de dominos

Pour chaque exercice,
trouvez le domino qui manque.

À la fois double et unique, le domino est un support de prédilection des tests d'entreprises. Sous sa familiarité et son apparente simplicité, ce petit rectangle se prête à d'innombrables combinaisons, permettant de poser simplement des problèmes de difficulté croissante.

C'est l'Anglais Anstay qui, le premier, a utilisé le domino dans l'élaboration d'un test, le désormais célèbre D48, test qui a connu (et connaît encore) un tel succès qu'une deuxième version, le D70, a dû être élaborée, car la première commençait à être trop familière aux candidats. Depuis, les dominos se glissent dans divers tests, mais peu sont conçus avec toute la rigueur des originaux. En effet, le D48 et le D70 sont considérés par de nombreux psychologues, comme des tests particulièrement efficaces pour apprécier les facultés de logique et de raisonnement.

Ces tests se présentent tous de la même façon dans les bureaux de recrutement : un cahier avec quatre exemples, suivi de quarante exercices. Chaque exercice comprend un nombre variable de dominos disposés selon une certaine logique, et un dernier domino dont la valeur n'est pas précisée. Le but de l'exercice est de déterminer la valeur de ce dernier domino, en découvrant la logique qui gouverne la disposition des autres dominos. On doit alors noter la valeur de chaque moitié de ce domino sur la feuille de réponses. Le test dure vingt-cinq minutes et en principe les candidats sont avertis quand il ne reste plus que dix minutes.

Comme dans la plupart des tests, le temps est un facteur primordial (37 secondes et demie par question...), d'où l'intérêt de se familiariser avec les divers types de raisonnements utilisés, avant de commencer. S'il n'est pas nécessaire de connaître le jeu de dominos pour réussir les exercices, une certaine familiarité avec les pièces ne peut qu'être utile. Surtout, il faut savoir que chaque moitié d'un domino peut comprendre entre zéro et six points (le zéro se présentant par l'absence de points). Six étant la valeur maximale, une série continue donnera la succession des valeurs suivantes : 0 - 1 - 2 - 3 - 4 - 5 - 6 - 0 - 1 - etc. (le zéro suit donc le six). Une série rétrograde donnera, à l'inverse, 0 - 6 - 5 - 4 - 3 - 2 - 1 - 0 - 6 - etc. (dans ce cas, c'est le 6 qui suit le zéro).

Pour structurer votre approche de ces problèmes, nous avons classé les exercices de dominos en trois catégories :

Les séries

C'est de loin la catégorie la plus abondante.

Certaines dispositions des dominos sont une bonne indication qu'il s'agit d'une série : la longue ligne de dominos bout à bout, ou cette même ligne, mais déformée en colimaçon. (Voir schéma p. 46.)

Les séries peuvent être croissantes ou rétrogrades, en boucle ou non (avec, comme nous l'avons vu, le zéro qui suit ou qui précède le six) ; elles peuvent également avoir des termes qui manquent. Par exemple, entre chaque case, ou entre chaque domino, il faut sauter un ou plusieurs nombres. Les séries sont souvent camouflées par leur disposition : elles peuvent utiliser les deux cases de chaque domino, uniquement les cases supérieures ou inférieures, les cases intérieures ou extérieures, les premières cases de chaque domino, etc.

Les dispositions les plus fréquentes des séries sont :

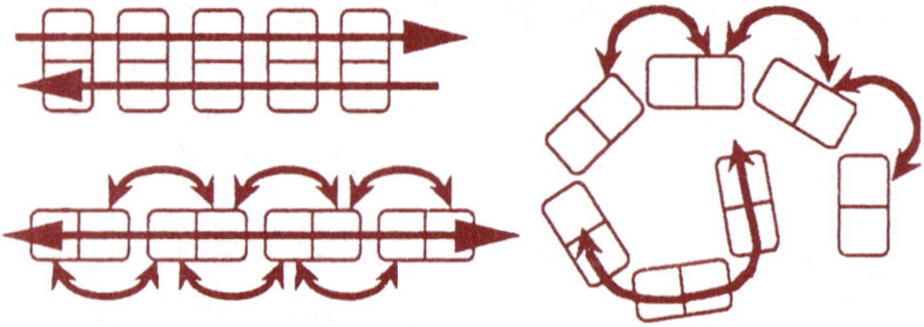

Les opérations

Catégorie qui se présente surtout quand les dominos sont disposés en carré. Une case est le résultat de l'addition ou de la soustraction de cases qui la précède. Catégorie peu abondante, mais de ce fait, catégorie que l'on a tendance à oublier.

Les répartitions

Les dispositions en carré, côte à côte ou en étoile se prêtent tout particulièrement aux exercices de répartition. Il s'agit généralement de disposer des dominos semblables selon une règle précise (symétrie, un domino sur deux, unique par rangée ou par colonne, etc.). La présence de plusieurs dominos identiques est souvent une indication qu'il s'agit d'un problème de répartition.

Exercice N° 1 :
Trouvez le domino qui manque.

Exercice N° 2 :
Trouvez le domino qui manque.

Deux exercices sur le même principe. Vous remarquerez que la plupart des dominos apparaissent deux fois dans des positions différentes. Quelles sont les exceptions ? Faut-il recréer une paire ?

Exercice N° 3 :
Trouvez le domino qui manque.

Exercice N° 4 :
Trouvez le domino qui manque.

Deux séries simples. La difficulté peut venir des dispositions. Apprenez à remettre mentalement les dominos du colimaçon en ligne droite : c'est une présentation qui revient souvent !

Exercice N° 5 :
Trouvez le domino qui manque.

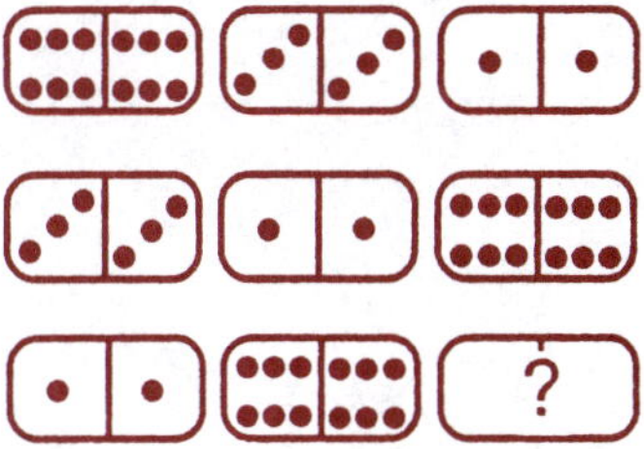

Exercice N° 6 :
Trouvez le domino qui manque.

Examinez la répartition des dominos semblables, par rangée, par colonne.
Ce type de casse-tête se retrouve souvent dans les problèmes de matrice (voir cette section p. 73).

Exercice N° 7

Exercice N° 8

Pour chaque exercice, trouvez le domino qui manque.

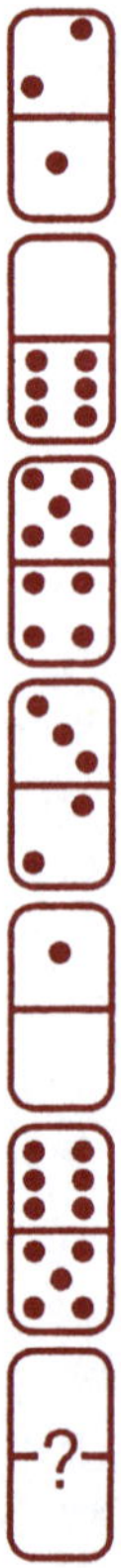

Deux séries relativement simples. Il faut parfois considérer uniquement le carré supérieur de chaque domino pour ensuite considérer les carrés inférieurs.

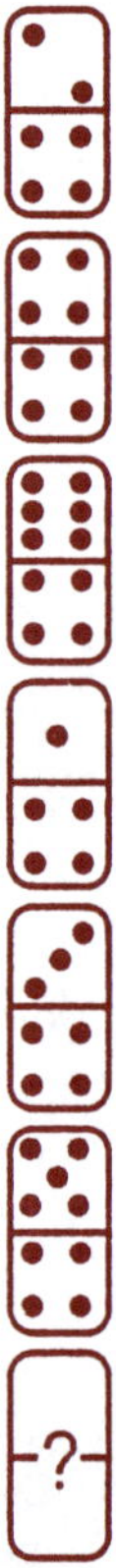

Exercice N° 9 :
Trouvez le domino qui manque.

Exercice N° 10 :
Trouvez le domino qui manque.

Vous êtes désormais familiarisé avec ces types de casse-tête, même si chacun présente une petite variante qui lui est propre.

Exercice N° 11 :
Trouvez le domino qui manque.

La disposition des dominos est inhabituelle et ne semble pas se prêter particulièrement à la présentation d'une série. Un coup d'œil rapide met de côté un casse-tête de répartition dans la mesure où l'on ne retrouve pas un même domino plusieurs fois dans des positions différentes. Si ces premières suppositions sont justes, que reste-t-il ?

Exercice N° 12 :
Trouvez le domino qui manque.

Voici un exercice ouvert avec plusieurs façons de l'aborder : série, répartition... Un aspect devrait vous frapper tout de suite : les dominos viennent par paires.

Exercice N° 13 :
Trouvez le domino qui manque.

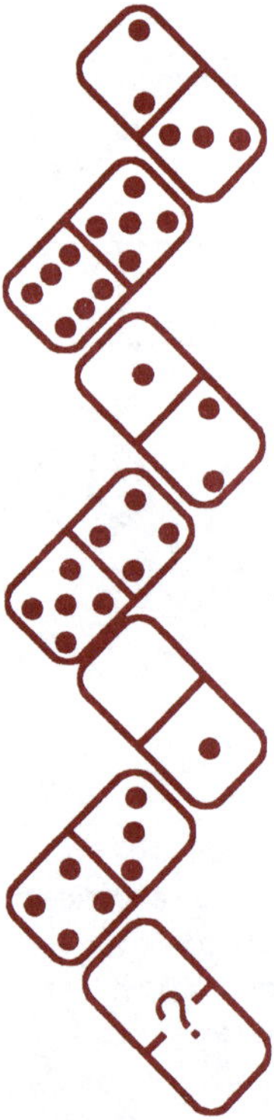

On remarque que les deux cases de chaque domino ont un nombre de points qui se suivent. Cela suggère fortement une série ! Comment trouver sa particularité ? Vous pouvez, par exemple, noter les nombres qui manquent.

Exercice N° 14 :
Trouvez le domino qui manque.

Faut-il considérer les dominos en entier, ou prendre toutes les cases du haut d'une part, et toutes les cases du bas, d'autre part ? S'agit-il d'une série, ou de deux ? D'une série classique ou d'une série avec des nombres qui manquent ? Si oui, lesquels et avec quelle régularité ?

Exercice N° 15 :
Trouvez le domino qui manque.

La difficulté, ici, est de trouver dans quelle catégorie il faut classer le casse-tête ; une fois ceci résolu, la solution est relativement facile. Les mêmes carrés reviennent-ils de façon régulière ? Peut-on deviner une série horizontalement ou verticalement ? Ou s'agit-il d'une opération : addition, soustraction ?

Exercice N° 16 :
Trouvez le domino qui manque.

Ne pas se laisser impressionner par la disposition en cercle ! Vous savez maintenant placer mentalement les dominos en ligne droite s'il le faut. Comme avec d'autres dispositions, il faut se poser les questions : s'agit-il d'une série avec les dominos entiers ou de deux séries avec les premières et secondes moitiés de chaque domino ? Les séries sont-elles simples, rétrogrades, avec des nombres qui manquent, etc. ?

Exercice N° 17 :
Trouvez le domino qui manque.

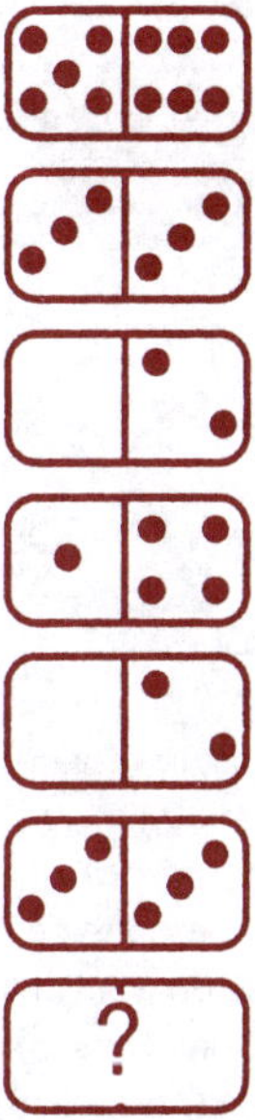

Ne pas chercher midi à quatorze heures ! Les solutions sont souvent plus simples que celles imaginées par certains candidats.

Exercice N° 18 :
Trouvez le domino qui manque.

Étoile à six branches, méfiance ! En effet, si on tourne autour de l'étoile, on revient à son point de départ après être passé par six (ou douze) cases, alors qu'une série complète de dominos comprend sept termes. La case de départ et la case d'arrivée ne sont donc pas identiques. Si la case « ? » se trouve au milieu de la série, il n'y a pas de problème. Si elle se trouve à une extrémité de la série, il faut décider si on la considère comme la première ou la dernière. Généralement, les concepteurs de tests prennent cette case comme la dernière : faites de même !

Exercice N° 19 :
Trouvez le domino qui manque.

Parfois le choix des dominos pour un casse-tête fait penser à un type de raisonnement, alors que la solution se trouve ailleurs. Il faut donc rester ouvert à toutes les possibilités. Par exemple, dans le cas présent, on peut remarquer les cases contiguës avec 1, 2 et 3 points et conclure qu'il s'agit d'une série. En l'occurrence, ce serait une erreur…

Exercice N° 20 :
Trouvez le domino qui manque.

Quand un terme est répété un grand nombre de fois, il s'agit généralement d'exercices de répartition, mais ceux-ci peuvent être combinés avec d'autres procédés.
Dans l'exemple ci-dessus, on remarque que chaque domino comporte au moins une case avec quatre points, et qu'un domino a quatre points dans ses deux cases. On peut imaginer que la plupart des quatre forment une répartition régulière, mais que celui en double fait partie d'un autre système. À vous de les démêler !

Exercice N° 21 :
Trouvez le domino qui manque.

Autre cas (comme l'étoile à six branches) où le domino à trouver doit être pris comme le dernier de la (ou des) série(s), et non pas comme le premier. On remarque que les deux cases de chaque domino comportent des nombres de points qui se suivent.

Exercice N° 22 :
Trouvez le domino qui manque.

La forme en colimaçon présente généralement un exercice de série(s).
Après des séquences simples, rétrogrades, avec des numéros qui manquent, etc., les différentes logiques sont combinées les unes avec les autres pour faire un casse-tête où la logique de la construction est souvent difficile à retrouver !

Exercice N° 23 :
Trouvez le domino qui manque.

Les tests de dominos comprennent souvent, vers la fin, quelques séries très complexes. Même quand on a compris qu'il s'agit d'une série, il n'est pas toujours évident de percer sa logique. Vous ne passerez le temps nécessaire à résoudre l'énigme, que si vous avez déjà résolu les autres questions, en principe plus faciles. Dans le cas présent, il faut se poser les questions habituelles : une ou deux séries ? Horizontale ou en zigzag ? Progression simple, rétrograde ou une combinaison des deux ? La section sur les séries numériques peut vous donner des idées.

Exercice N° 24 :
Trouvez le domino qui manque.

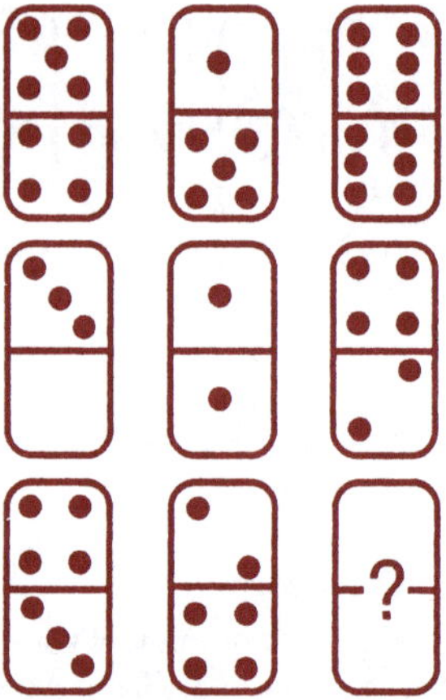

Les questions les plus difficiles des tests de dominos ne sont pas toujours particulièrement compliquées en soi, mais elles combinent différents procédés. L'exercice ci-dessus, par exemple, n'utilise que des raisonnements déjà présentés dans les pages précédentes. Il faut donc faire appel à votre mémoire et à votre imagination pour trouver la règle du jeu !

LES TESTS DE DOMINOS
CHECK-LIST

Séries

Plusieurs dominos ont-ils des cases qui se suivent numériquement ?

Des cases contiguës ont-elles un écart de points semblable et dans la même direction (croissante ou décroissante) ?

En sautant un domino ou une case sur deux, voit-on apparaître une série ?

En ajoutant un terme manquant entre chaque domino ou entre chaque case voit-on une tendance régulière ?

Redressez mentalement les spirales et les zigzags.

Parcourez les étoiles par les cases intérieures, finir par les cases extérieures.

Répartitions

Un même domino apparaît-il plusieurs fois ?

Une case identique revient-elle plus souvent que d'autres ?

Répartition par symétrie.

Répartition par paires.

Répartition par colonne et par rangée.

Répartition par dominos alternés ou en zigzag.

Répartition autour d'une étoile : face à face ; alternée.

Opérations

La somme des points sur deux cases se présente-t-elle sur la troisième case ?

Ou la différence ?

Certains dominos sont-ils exactement le double d'autres dominos ?

N'oubliez pas que la case vide (le zéro) peut rendre une opération moins évidente. En effet : 0, 5, 5 peut cacher l'addition $0 + 5 = 5$.

Pensez horizontalement, mais également verticalement.

Si le type d'exercice n'est pas évident, il s'agit probablement de la combinaison de plusieurs catégories énumérées ci-dessus.

Les tests de raisonnement

Rr

Le « Test de raisonnement » proposé par le Centre de Psychologie appliquée est un des tests les plus fréquemment utilisés par les bureaux de recrutement. Comme par ailleurs, c'est un test qui a été souvent imité par des tests de renommée moindre, tout candidat a de fortes chances de devoir affronter les types d'exercices qu'il propose.

Le test du Centre de Psychologie appliquée comprend 40 questions sous forme de suites de lettres, de mots ou de chiffres que le candidat doit compléter. Il dispose de 20 minutes pour répondre, autrement dit, en moyenne, de 30 secondes par exercices. Les questions, très variées, font autant appel à l'imagination et aux facultés d'adaptation qu'aux capacités de logique. En effet, pour trouver la solution, le candidat doit souvent découvrir des modes de raisonnements assez différents les uns des autres, bien que présentés de façons très semblables. C'est d'ailleurs une des raisons pour lesquelles ce test est assez fréquemment contesté. Ses exercices ressemblent souvent à de petites devinettes déroutant les candidats qui cherchent des raisonnements fort complexes, alors que la solution est toute simple, voire, simpliste.

Certaines questions demandent aux candidats d'aller à l'encontre d'une première réaction logique, de prendre le contre-pied de ce que la question suggère. Par exemple, les candidats sont invités à compléter une suite du style « Quatre 6, Cinq 4, Six 3, Sept 4, Huit – ». La plupart d'entre eux cherchent toutes les relations numériques possibles entre ces chiffres et, généralement, ils n'apprécient guère la réponse : « chaque chiffre écrit en toutes lettres est suivi d'un chiffre indiquant son nombre de lettres : « huit » ayant quatre lettres, la réponse est 4... »

Nous avons suivi les tests de ce style, jusque dans leurs bizarreries, parfois contestables.

Complétez chaque exercice en inscrivant votre réponse sur les tirets.

1 - **VRILE, NDULI ; LIVRE, _ _ _ _ _**
Si l'on n'est pas familier avec ce genre de question, l'exercice est déroutant. En fait, les cinq premières lettres se retrouvent après le point-virgule dans un autre ordre pour former le mot *Livre*. Il faut donc procéder de la même façon avec les cinq autres lettres juste avant le point-virgule (mais les lettres ne sont pas nécessairement mélangées de la même façon).

2 - **EBADUA, OLERMA ; AUBADE, _ _ _ _ _ _**

3 - **MYTANP, FURAMP ; TYMPAN, _ _ _ _ _ _**

4 - **NASITLANSO ; SATIN, _ _ _ _ _**
Les deux premiers mots sont écrits sans séparation ce qui rend les choses un peu moins claires. Le doigt posé sur les premières lettres permet de se concentrer sur les suivantes.

5 - **ONSUROICRTOT ; OURSON, _ _ _ _ _ _**

6 - **RETAPÉ, RESSAC ; ÉPATER, _ _ _ _ _ _**
Cet exercice diffère légèrement des précédents. *Ressac* a plusieurs anagrammes : laquelle faut-il choisir ? Pour trouver la solution, bien regarder le premier mot et analyser sa transformation.

7 - **AUDACE, CADEAU ; BÉTAIL, _ _ _ _ _ _**
Pas de grands changements, mais quand on ne dispose que de 30 secondes, mieux vaut savoir que l'ordre des choses n'est pas immuable.

8 - **REMPART, MENSONGE ; PART, _ _ _ _ _**
La présentation est la même, pourtant l'exercice est sensiblement modifié. Le nombre de tirets indiquant les lettres à trouver, est déjà une indication.

9 - **ARTICLE, EXAMINE ; TIC, _ _ _**

10 - **532314 LIMITE ; 235314 _ _ _ _ _ _**
La présentation est semblable, mais l'exercice n'a rien à voir. Le premier groupe de chiffres et le mot établissent un code que l'on doit appliquer avec le second groupe de chiffres pour trouver un second mot. Si les chiffres étaient écrits, l'un sous chaque lettre, ce serait plus évident...

11 - **174592 MANOIR ; 251794 _ _ _ _ _ _**

12 - **GIVRE, 97531 ; GRIVE, _ _ _ _ _**
Le même procédé, mais en sens inverse.

13 - **FAUNE 52314 ; ANNEAU, _ _ _ _ _ _**

14 - **E4 O1 Z3 N2, ONZE ;**
A2 D4 B1 T6 N3 I5 _ _ _ _ _ _
Le code a changé ; cette fois-ci, il faut considérer l'ordre des lettres...

15 - R4 E6 O2 T5 U3 C1, COURTE ;
T3 Y2 M5 E6 R1 H4 _ _ _ _ _ _

16 - 22(V) 50(C) 75(S) 100(C) 888(-)
Ici, c'est une correspondance entre chiffre et lettre.

17 - Radis, légume ; blé, céréale ; pomme
_ _ _ _ _

Un exemple qui ne pose pas de grande difficulté, mais qui démontre un autre mécanisme.

18 - Pioche, manche ; valise, poignée ; panier, _ _ _ _

19 - Hibou, poule, coq ; ululer, glousser,
_ _ _ _ _ _ _ _

20 - Apprendre, cacher, prendre, lâcher, trouver, _ _ _ _ _ _ _ _

21 - X 2 XI 3 VIII 5 XXVI 7 XIV _
Un exercice où la question par sa forme nous induit en erreur...

22 -

Cheminée	**Porte**	*Rétroviseur*	**Toit**	**Fenêtre**
Voilier	**Biréacteur**	**Transatlantique**	**Frégate**	**Paquebot**

Il n'y a pas d'instructions, mais vous devez appliquer à la ligne du bas la même logique que celle de la ligne du haut.

23 -	**Ratifier**	Perdre	**Abroger**	**Acquérir**	**Trouver**
	Repos	**Défense**	**Mouvement**	**Attaque**	**Immobilité**

24 -	**Bridge 2**	**Cartes 222**	**Jeu 22**
	Marin 3	**Baleine 1**	_ _ _ _ _ _ _ _

Essayez de former une phrase avec les mots donnés pour trouver celui qui manque et trouver une corrélation – ténue – avec les nombres.

Ces tests aiment également associer des mots à des chiffres, selon des correspondances que le candidat doit trouver grâce à plusieurs exemples. Nous nous sommes amusés à appliquer des correspondances différentes à une même série de mots. Pouvez-vous compléter toutes ces suites, sachant qu'il ne s'agit jamais du même chiffre ?

25 -	**DIVIN 3,**	**SEPT 3,**	**CANTONNER 6,**	**ALÉSÉE -**
26 -	**DIVIN 4,**	**SEPT 19,**	**CANTONNER 3,**	**ALÉSÉE -**
27 -	**DIVIN 2,**	**SEPT 1,**	**CANTONNER 3,**	**ALÉSÉE -**
28 -	**DIVIN 5,**	**SEPT 4,**	**CANTONNER 9,**	**ALÉSÉE -**
29 -	**DIVIN 2,**	**SEPT 0,**	**CANTONNER 3,**	**ALÉSÉE -**
30 -	**DIVIN 14,**	**SEPT 20,**	**CANTONNER 18,**	**ALÉSÉE -**

Les tests de matrices

Pour chaque exercice,
trouvez la figure qui complète la matrice.

Les matrices de Raven, un des plus anciens tests d'intelligence, tient encore bien la route, même s'il est un peu moins utilisé chez nous qu'outre-Manche où il a commencé sa carrière.

La version la plus récente du test, le PM 47, se présente sous la forme de quatre séries de douze planches, toutes sur le même modèle. Des figures variées, mais généralement géométriques, sont réparties dans une matrice selon une logique donnée. La dernière figure de l'ensemble manque, mais se trouve en dehors de la matrice avec d'autres figures semblables.

Le but de l'exercice est de trouver parmi le choix proposé, la figure qui complète l'ensemble. Pour cela, il faut découvrir la logique qui a gouverné la disposition des figures dans la matrice. Avec les premières planches, cette démarche est relativement facile, mais la difficulté augmente en progressant dans le test.

Le test dure 40 minutes, et l'opérateur prévient les candidats quand la moitié du temps est écoulée. La gestion du temps, donc, comme dans tous les tests, est un facteur extrêmement important. Avec 50 secondes en moyenne par question, il faut essayer de prendre de l'avance en trouvant rapidement la solution des premières matrices pour pouvoir consacrer plus de temps aux suivantes.

Sans préparation, le candidat peut perdre de précieuses secondes en cherchant de façon désordonnée.

Voici quatre catégories et quelques conseils pour vous guider dans vos réflexions.

1 - Les répartitions

Les figures sont réparties dans la matrice de telle façon qu'un même dessin ne se retrouve jamais deux fois dans une même rangée ou une même colonne. L'exercice N° 1, p. 79, est l'exemple le plus simple de telles répartitions. Remarquez les trois triangles sur la grande diagonale. Toutes les répartitions de ce style auront trois figures identiques sur l'une des deux grandes diagonales (la figure à trouver peut donc être une de ces figures identiques).

En progressant dans le test, ces matrices de répartition deviennent plus complexes. Chaque figure contient deux, voire trois formes géométriques réparties selon le même principe. Parfois les formes à répartir se distinguent uniquement par leur position dans la figure (devant, à gauche, au centre, etc.).

2 - Les superpositions

Dans ces exercices, on peut imaginer que les dessins sont sur des plaquettes de verre. En plaçant une plaquette sur une autre, les dessins se superposent. L'exercice le plus classique dans cette catégorie présente deux figures et il faut trouver ce qu'elles donneront superposées. (Dans l'exemple 1 ci-dessous, A est le résultat de 1 + 2.)

Exemple 1

Parfois la logique procède en sens inverse, la superposition complète est donnée et il faut trouver une de ses composantes (toujours avec l'exemple 1, la matrice donne A et 2, et le candidat doit trouver 1).

En progressant dans le test, des variantes viennent se greffer aux superpositions simples. La troisième figure, par exemple, n'est plus le résultat de la superposition des deux premières, mais donne uniquement les traits qui sont communs à ces deux premières (dans l'exemple 1, avec cette variante, B est le résultat de 1 + 2). D'autres, au contraire, ne gardent que les traits qui sont différents (ci-dessous : C est le résultat de 1 + 2).

Une variante des superpositions présente des formes telles que des cercles ou des carrés avec des traits ou avec d'autres formes sur les bords, soit à l'intérieur, soit à l'extérieur (exemple 2, ci-dessous). Avec une superposition classique, la figure A serait le résultat de la superposition des deux premières. Avec cette variante, cependant, on traite les traits d'une autre façon, comme des forces contraires selon qu'elles sont à l'intérieur ou à l'extérieur. Ainsi, quand, à la suite d'une superposition, les traits se prolongent à la fois à l'intérieur et à

Exemple 2

l'extérieur, on peut considérer qu'ils s'annulent (ce qui donne le résultat B). Avec une autre logique, il faut trouver la figure qui, superposée sur les deux premières, prolonge les traits incomplets (ce qui donne C).

3 - Les transformations

Les figures subissent une transformation, dont les plus courantes sont :

- La rotation de la figure (parfois diverses parties de l'image tournent dans des sens différents) ;
- Les opérations : la troisième image représente la somme des éléments présentés dans les deux premières (ou la différence) ;
- Les modifications de taille ou de couleur (les éléments des figures passent du noir au blanc, grandissent, s'allongent, etc.).

4 - Les assemblages

Cette catégorie est semblable à celle des superpositions, avec la particularité que les différents dessins ne s'empilent pas les uns sur les autres mais se placent à côté l'un de l'autre, ou l'un sous l'autre. Une variante des assemblages présente une figure qui est formée à partir de certaines parties des figures précédentes. Par exemple, le coin supérieur gauche de la troisième figure est toujours identique au coin inférieur droit de la troisième figure...

Horizontalement ou verticalement ?

La disposition des figures dans une matrice, se prête aussi bien à une lecture horizontale que verticale. Dans la plupart des cas, les deux sens de lecture sont applicables et l'un peut servir de confirmation à l'autre. Si les matrices à double sens de lecture sont les plus courantes (et les plus satisfaisantes intellectuellement), ce n'est malheureusement pas une règle invariable. Quelques matrices n'obéissent qu'à une logique horizontale ou (plus rarement) qu'à une logique verticale.

Exercice N° 1 :
Quelle figure complète la matrice ?

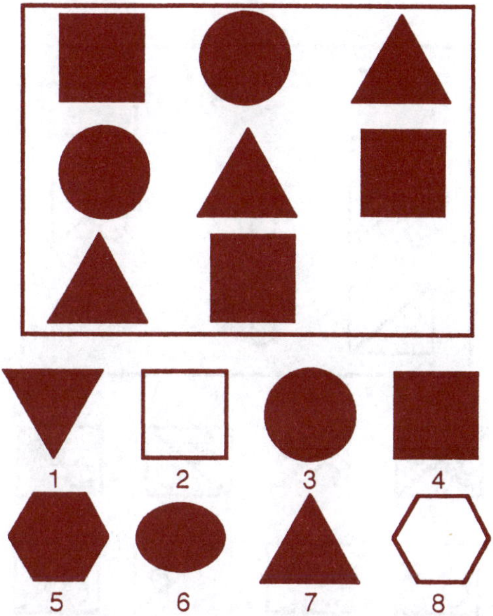

Chaque figure apparaît combien de fois par rangée ? Par colonne ? Combien y a-t-il de figures différentes ? Les mêmes figures changent-elles de taille ou de couleur ?

Exercice N° 2 :
Quelle figure complète la matrice ?

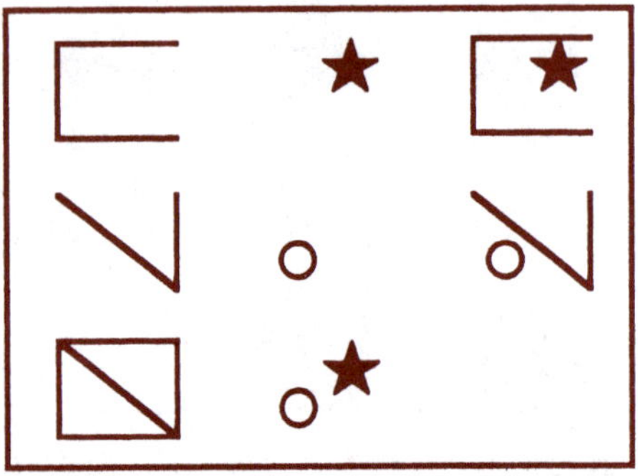

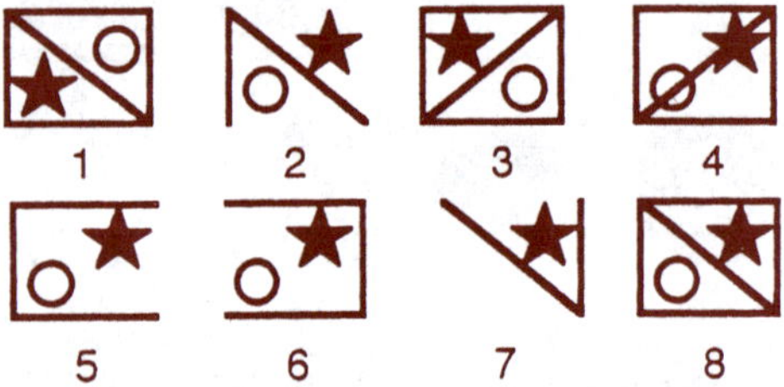

Imaginez que certains dessins se superposent, puis trouvez une logique horizontale aussi bien que verticale.

Exercice N° 3 :
Quelle figure complète la matrice ?

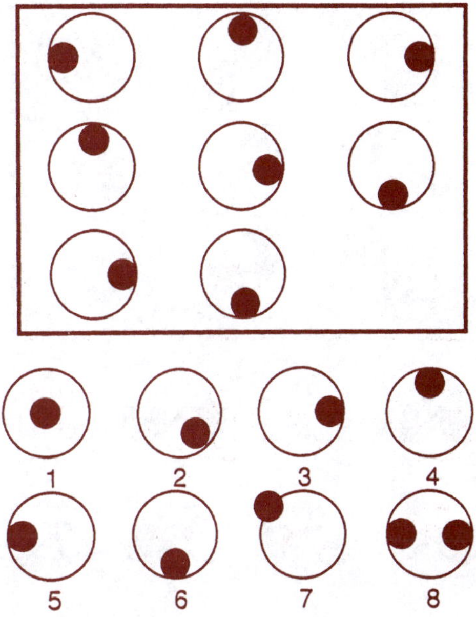

Combien y a-t-il de figures différentes dans la grille ? La similitude des dessins fait penser à une transformation progressive : voyez-vous laquelle ?

Exercice N° 4 :
Quelle figure complète la matrice ?

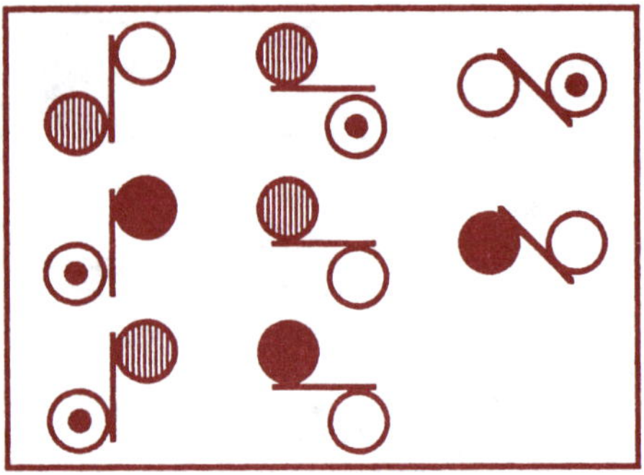

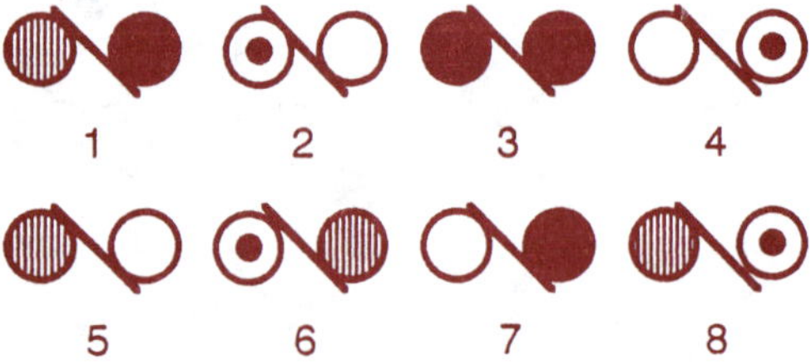

Établir s'il y a une logique horizontale et verticale, ou seulement dans l'un des sens. S'agit-il de transformations ou de combinaisons de certains éléments ?

Exercice N° 5 :
Quelle figure complète la matrice ?

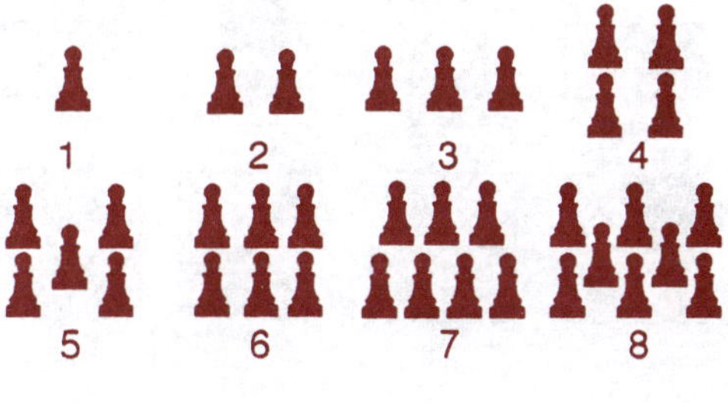

Élément unique avec des variations de quantité et (éventuellement) de disposition. Cherchez une progression logique (addition, soustraction) horizontalement, verticalement ou les deux à la fois.

Exercice N° 6 :
Quelle figure complète la matrice ?

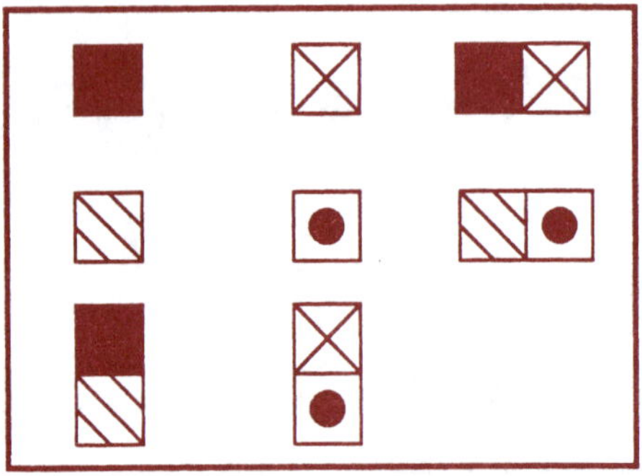

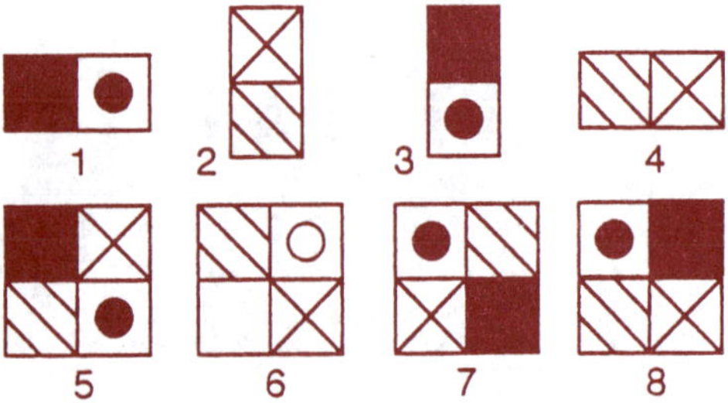

On remarque que certaines figures comprennent deux carrés alors que d'autres n'en ont qu'un seul. Quel est le rapport entre les figures doubles et les figures simples ?

Exercice N° 7 :
Quelle figure complète la matrice ?

Il n'y a que trois figures, donc celle qui manque se trouve sans trop de mal. Il faut ensuite déterminer son orientation : examinez ce que font les autres dessins.

Exercice N° 8 :
Quelle figure complète la matrice ?

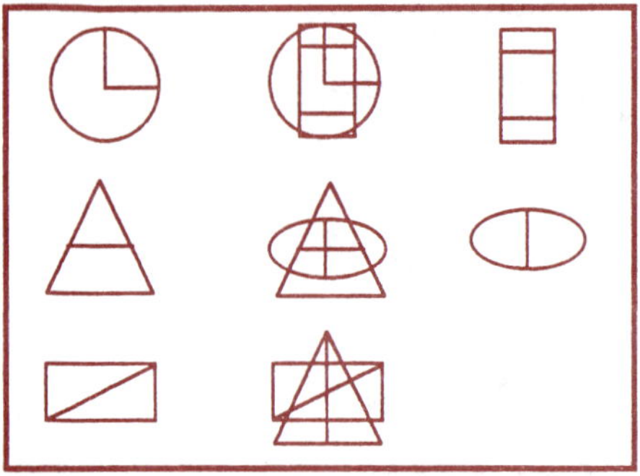

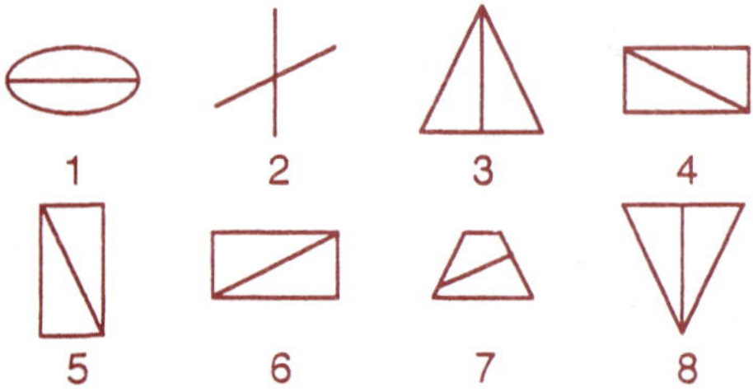

Remarquez comment certaines figures se retrouvent, cachées sous d'autres. S'agit-il de superpositions ? Trouvez la logique des rangées complètes pour découvrir la figure manquante.

Exercice N° 9 :
Quelle figure complète la matrice ?

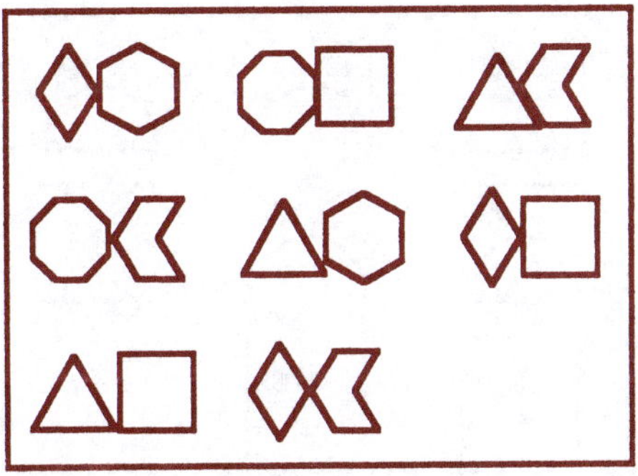

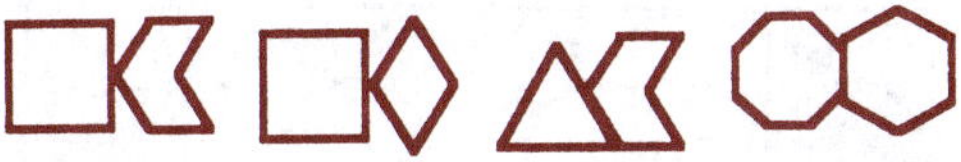

1 2 3 4

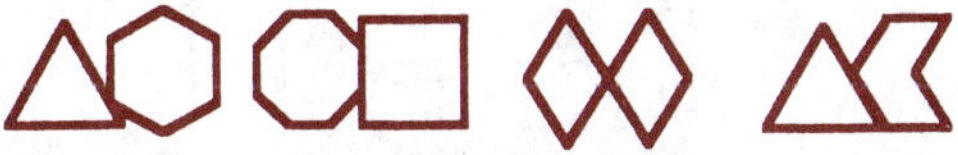

5 6 7 8

Combien y a-t-il de figures différentes ?
Combien de fois est présente chaque figure ?
Comment les figures semblables sont-elles réparties par colonne, par rangée ?

Exercice N° 10 :
Quelle figure complète la matrice ?

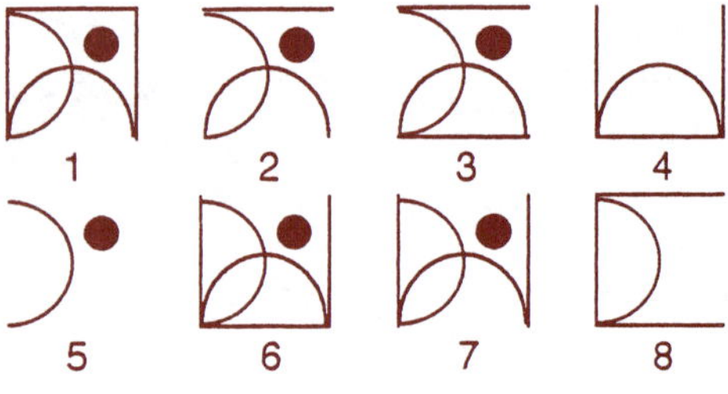

On retrouve dans chaque dessin des éléments communs : cherchez la logique par laquelle certains sont maintenus et d'autres éliminés.

Exercice N° 11 :
Quelle figure complète la matrice ?

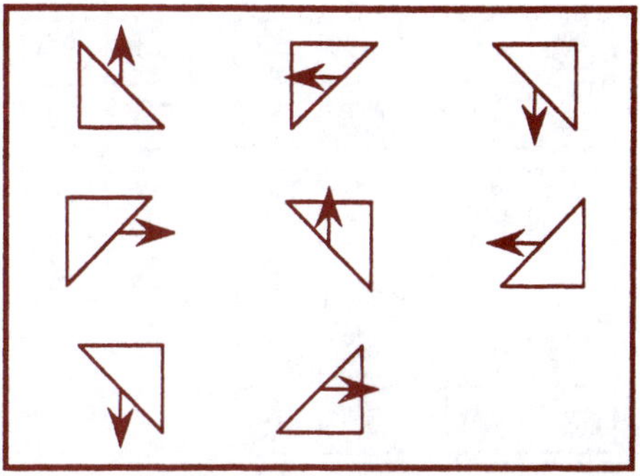

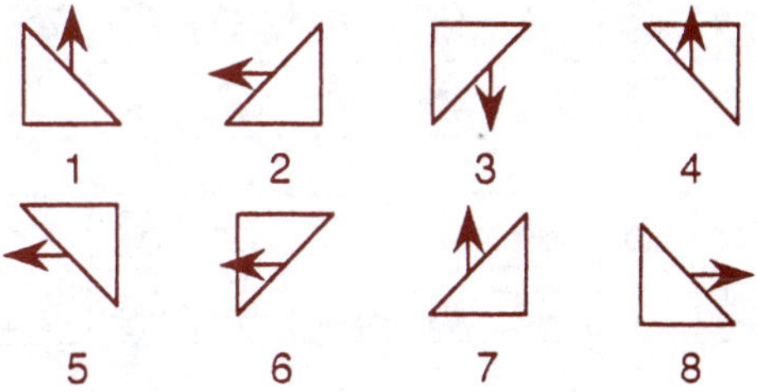

Le dessin est formé à chaque fois de deux parties : c'est le changement d'orientation qui les différencie. Les deux parties tournent-elles de la même façon ?

Exercice N° 12 :
Quelle figure complète la matrice ?

Ici, c'est la multiplicité des dessins qui peut créer des difficultés. Commencez par établir lesquels se répètent, ensuite trouvez selon quel schéma (position ? nombre ? forme ? etc.).

Exercice N° 13 :
Quelle figure complète la matrice ?

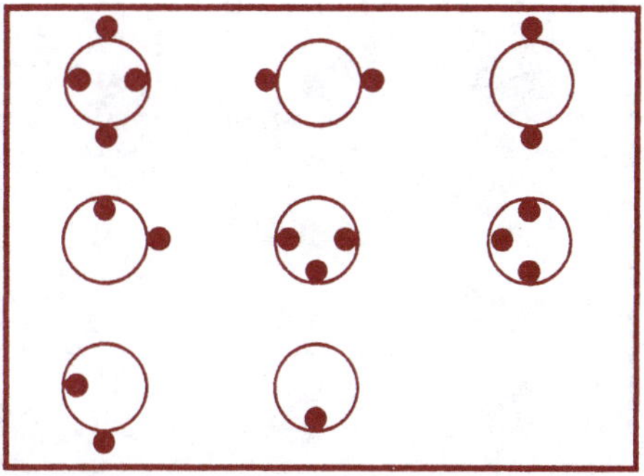

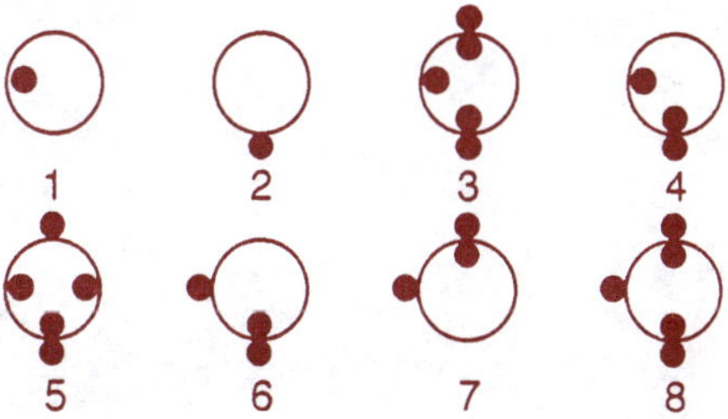

Comparez la figure obtenue par superposition des deux premiers dessins avec le troisième. On peut considérer les ronds à l'intérieur et à l'extérieur du cercle comme des forces opposées qui s'annulent.

Exercice N° 14 :
Quelle figure complète la matrice ?

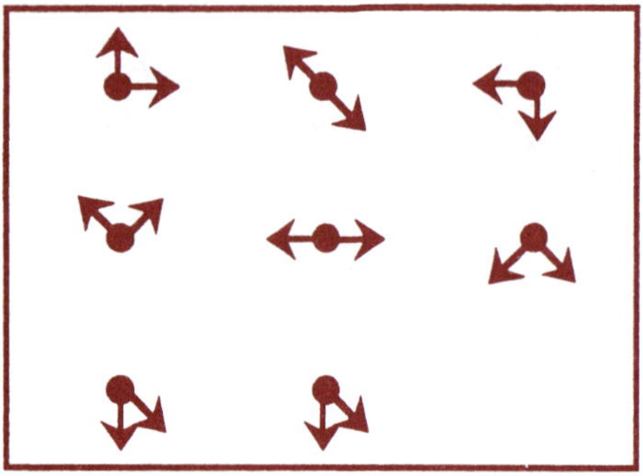

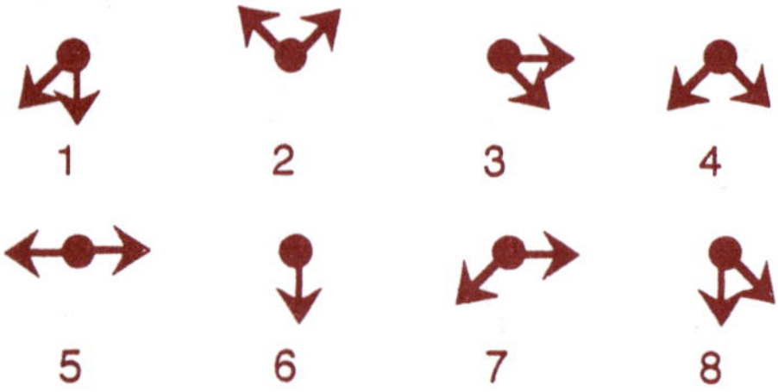

Les deux flèches tournent-elles de façon régulière ? Autant l'une que l'autre ? Dans le même sens ? Faut-il lire uniquement horizontalement ? N'oubliez pas que votre raisonnement doit pouvoir s'appliquer à toutes les figures de la matrice.

Exercice N° 15 :
Quelle figure complète la matrice ?

Trois figures qui se répètent, nous avons déjà vu cela. Les trois figures identiques qui se retrouvent sur une des grandes diagonales aussi. La complication vient du fait que les figures sont coupées en deux et qu'il y a deux couleurs (noir et blanc).

Exercice N° 16 :
Quelle figure complète la matrice ?

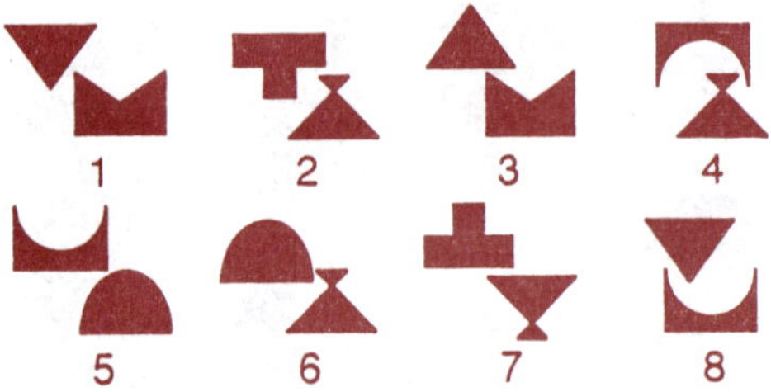

Souvenez-vous du casse-tête avec les couteaux et les fourchettes : c'est le même type de problème, mais avec deux éléments à chaque fois...

Exercice N° 17 :
Quelle figure complète la matrice ?

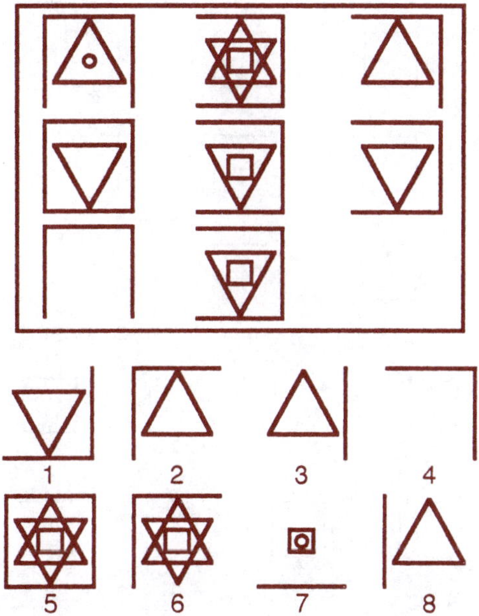

Le type de figure avec des fragments qui se retrouvent d'un dessin à l'autre fait penser à un problème de superposition. Ensuite, il faut trouver sa singularité : quelles parties sont gardées ? Quelles parties sont éliminées ?

Exercice N° 18 :
Quelle figure complète la matrice ?

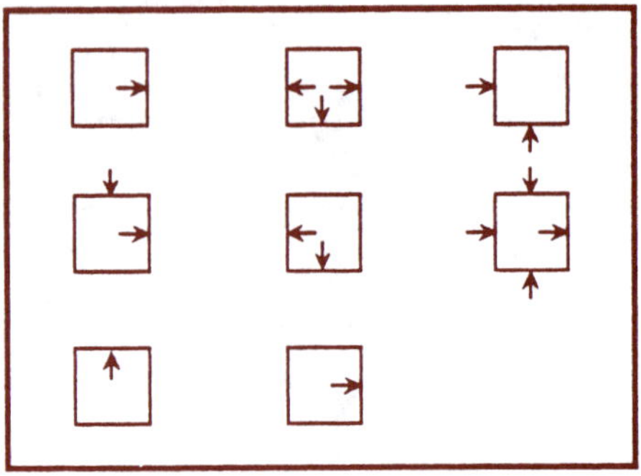

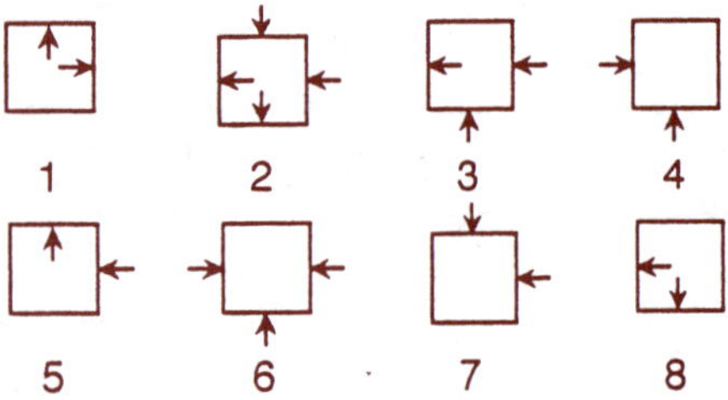

Nous avons déjà vu une matrice de ce style avec des forces opposées. Le principe, ici, est exactement le même, mais appliqué avec une légère variante.

Exercice N° 19 :
Quelle figure complète la matrice ?

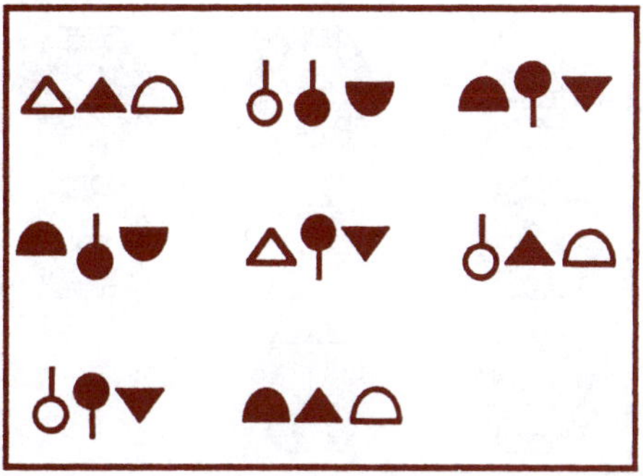

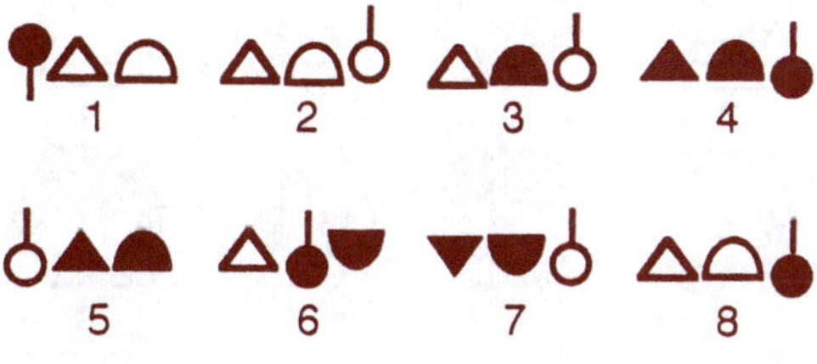

La difficulté, ici, est d'identifier le type de casse-tête dont il s'agit. Y a-t-il des dessins qui se transforment, qui s'assemblent, ou s'agit-il de formes différentes à répartir ?
Notez où les formes identiques se retrouvent.

Exercice N° 20 :
Quelle figure complète la matrice ?

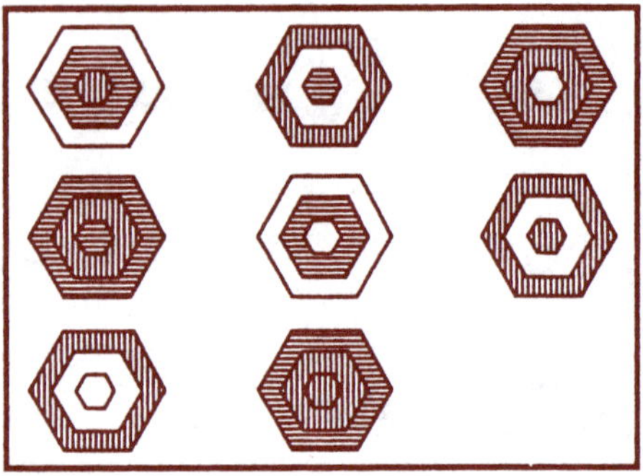

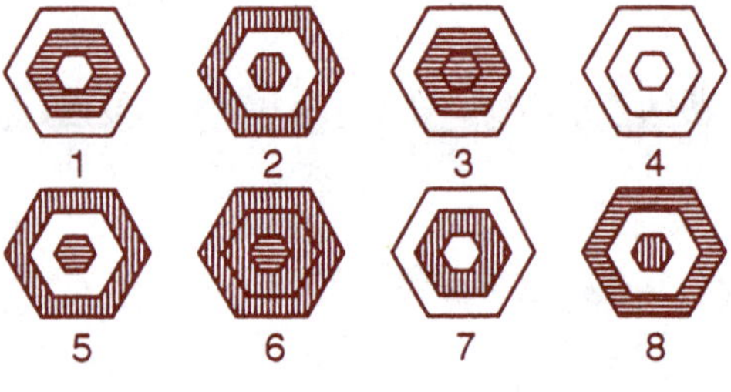

Un casse-tête familier sous un habillage déconcertant ! On peut résoudre l'exercice en considérant la répartition des motifs par rangée et par colonne ou comme des superpositions (la combinaison de certains motifs donnant toujours un autre motif).

Exercice N° 21 :
Quelle figure complète la matrice ?

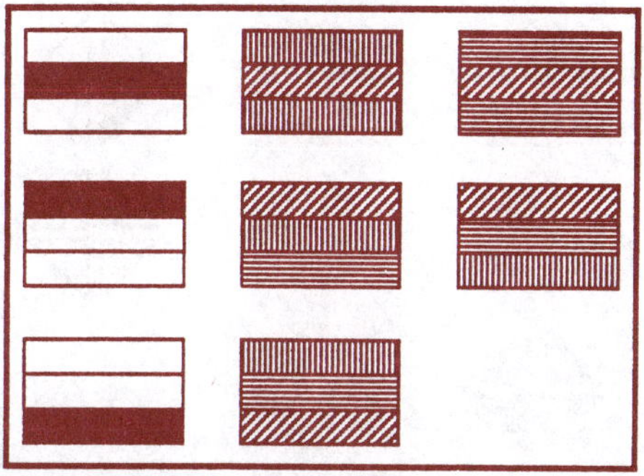

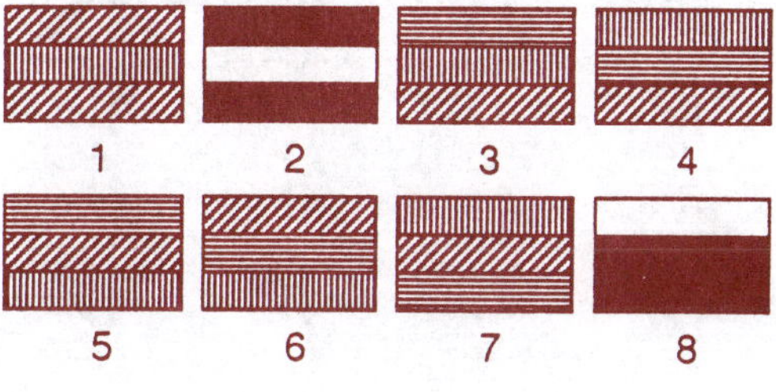

Une variante sur l'exercice précédent que l'on peut résoudre en considérant les superpositions des motifs. Y a-t-il une logique horizontale uniquement, ou verticale aussi ?

Exercice N° 22 :
Quelle figure complète la matrice ?

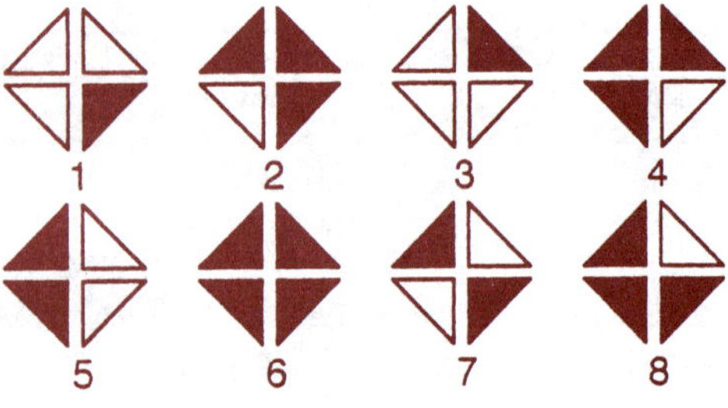

D'abord déterminer le type de problème. Le fait que des éléments semblables apparaissent côte à côte et pas tous par trois, indique qu'il ne s'agit probablement pas de répartition, mais plutôt de superposition...

Exercice N° 23 :
Quelle figure complète la matrice ?

Ici, il s'agit tout simplement d'observation, mais un peu d'entraînement permet de gagner du temps. Notez le nombre de lignes qui semblent traverser le cache et recoupez avec les exemples au-dessous.

Exercice N° 24 :
Quelle figure complète la matrice ?

Complétez les cercles mentalement (ou éventuellement avec un crayon) et la partie manquante deviendra évidente.

LES TESTS DE MATRICES CHECK-LIST

Les répartitions

Y a-t-il seulement trois figures différentes dans toute la matrice ?

Y a-t-il six figures ou neuf dessins différents, mais qui reviennent chacun trois fois ?

La même figure, ou partie d'une figure, se retrouve-t-elle dans chaque case d'une des deux grandes diagonales de la matrice ?

Les superpositions

A-t-on l'impression d'un dessin fragmenté dans plusieurs figures ?

Retrouve-t-on dans une autre figure des parties d'une figure exactement dans la même position ?

S'agit-il d'une superposition simple ? Ne garde-t-on que les traits communs ? Que les traits différents ?

Une forme géométrique (rond, carré, hexagone, etc.) revient dans toutes les cases, avec sur ses côtés, des petits traits, des points, des flèches, etc. ?

Ces traits (ou flèches, etc.) s'annulent-ils quand ils sont complétés ? Doivent-ils être complétés ?

Les transformations

Une même figure (ou partie d'une figure) revient-elle régulièrement, mais ayant changé de sens ?

Est-ce qu'une même figure se répète, mais en changeant de couleur ou de taille ?

Est-ce qu'un même élément revient dans toutes les figures, mais dans des quantités variables ? S'agit-il d'une addition ? D'une soustraction ?

Les assemblages

Retrouve-t-on certaines parties des figures disposées autrement dans d'autres figures ?

Une figure rassemble-t-elle les deux autres figures de la rangée ou de la colonne ?

- N'oubliez pas que ces catégories peuvent être utilisées simultanément dans certaines matrices.
- Pensez horizontalement et verticalement.

Les tests de séries

Les épreuves dites « de séries » reviennent régulièrement dans les tests de sélection, et si l'on ose espérer qu'il ne s'agit pas d'un manque d'imagination de la part des concepteurs de tests, on doit reconnaître que ces tests sont faciles à concevoir et difficiles à résoudre.

Il existe, néanmoins, un certain nombre de tests dans cette catégorie qui se distinguent par une conception tout à fait rigoureuse. Ils mettent à l'épreuve, non seulement les facultés logiques du candidat, mais dans une certaine mesure, son imagination et sa capacité à trouver des solutions à des problèmes variés. Les mécanismes utilisés sont nombreux et le candidat peut perdre beaucoup de temps à chercher avant de trouver la bonne solution. Il est donc utile de s'être familiarisé avec les séries les plus courantes pour franchir les premières épreuves sans perdre de temps et se réserver ainsi pour les plus difficiles.

Dans ces tests, le temps imparti est généralement d'environ 30 secondes pour chaque question. Comme d'habitude, il ne faut pas s'acharner sur les questions qui résistent et, de façon générale, il ne faut pas avoir peur des solutions évidentes ou des mécanismes simples. Pour les lettres, il est utile de savoir son alphabet à l'envers et de connaître la position dans l'alphabet de certaines lettres, au moins comme repère (par exemple, la lettre M est la treizième, ce qui la place bien au milieu).

Trouvez le nombre (un ou plusieurs chiffres) ou la lettre qu'il faut placer sur les tirets pour poursuivre chacune de ces séries.

Les séries de nombres

A - 1 4 7 10 13 -

On constate que les nombres augmentent. De combien ? Cette progression est-elle régulière ? (On peut noter, mentalement ou avec un crayon, les nombres qui manquent.)

B - 37 35 33 31 29 -

Cette fois, les nombres décroissent. Est-ce une diminution régulière et de combien à chaque fois ?

C - 4 5 7 10 14 19 -

Les nombres croissent : est-ce une progression régulière ? Y a-t-il une irrégularité dans l'accroissement ?

D - 9 10 12 13 15 16 -

Les nombres croissent de façon apparemment irrégulière : si on note les nombres qui manquent, on voit rapidement la règle cachée. On peut également considérer un nombre sur deux et constater alors une progression régulière.

E - 40 37 35 32 30 27 -

Cette fois-ci, les nombres décroissent. Raisonnez de la même façon que pour l'exercice précédent. Parfois, pour gagner du temps, une série devient évidente si l'on ne considère qu'un nombre sur deux.

F - 3 6 12 24 4 8 96 -

Une progression rapide implique souvent l'usage de la multiplication.

G - 13 14 28 29 58 59 -

Une progression vraiment saccadée : on doit donc alterner deux façons de modifier le nombre précédent.

H - 4 12 11 33 32 96 -

Une progression importante qui alterne avec une petite diminution : une variante de l'exercice précédent.

I - 4 11 32 95 284 851 -

Une série difficile où, au lieu d'appliquer alternativement deux opérations différentes, on les applique l'une et l'autre entre chaque nombre de la série. Comparez les nombres de cette série avec la précédente.

J - 128 64 32 16 8 4 -

Une série qui décroît rapidement : cela fait penser à une opération arithmétique bien courante.

K - 2 6 4 5 15 13 14 -

Une série qui semble simple mais dont les apparences sont trompeuses ! Il faut en effet appliquer successivement trois opérations différentes... opérations qui, il est vrai, ne sont pas bien complexes.

L - 35 212 35 222 35 232 35 242 35 252 –

C'est une série des plus simples, mais les nombres élevés peuvent impressionner et décourager les candidats : ne vous laissez pas intimider !

M - 57 66 58 65 59 64 –

Deux façons possibles et tout aussi valables d'interpréter les séries de ce genre : soit on additionne et on soustrait alternativement des nombres (à déterminer), soit il s'agit de deux séries, imbriquées l'une dans l'autre (et il faut les séparer pour trouver la suite).

N - 13 6 10 9 7 12 4 15 –

Pour cette série et celles qui lui ressemblent, il est presque impossible de trouver la solution sans faire un partage en deux séries distinctes, (généralement, un nombre sur deux) et alors la difficulté est sensiblement réduite !

Les séries de lettres

1 - A E I M Q – –

Si l'on note les lettres qui manquent, la série devient évidente.

2 - W T Q N K – –

Exercice semblable au précédent, mais plus difficile dans la mesure où la plupart des gens connaissent leur alphabet de A à Z et moins bien dans l'autre sens...

3 - A C F J L O – –

Le nombre de lettres qui manquent n'est pas toujours le même ; il y a pourtant une régularité à trouver.

4 - A Z C X E V G T I R – –

Prendre une lettre sur deux et résoudre comme deux séries imbriquées.

5 - C E E G I I K – –

On saute certaines lettres, mais on en répète d'autres.

6 - A D C F E H G – –

La série avance dans l'alphabet, mais recule aussi.

7 - D A C B H E G F L I – –

Une variante plus complexe de l'exercice précédent. Si l'on prend les lettres par groupes de 4, l'organisation devient moins obscure.

8 - B D G J L N – –

La série qui rend fou. Il est difficile de trouver pourquoi on saute une ou deux lettres. Pour vous laisser chercher en vous évitant l'asile, sachez que la série n'est pas basée sur l'alphabet complet. Certaines lettres manquent.

Les séries mixtes, nombres et lettres

I - B 2 E 5 H 8 K 11 N 14 – –

Les lettres et les nombres progressent conjointement.

II - B 16 F 13 J 10 N 7 R 4 – –

Lettres et chiffres sont intercalés, mais il s'agit de deux séries indépendantes.

III - N 2 LJ 4 H 8 FD – –

Les séries de lettres et de nombres sont indépendantes, mais elles s'imbriquent de façon un peu plus complexe.

IV - A 2 D 3 H 4 M 2 P 3 T 4 – –

La série des lettres est relativement simple et elle indique la progression des lettres.

V - 3 A 4 C D 6 F 7 H I 9 – –

Diverses façons de voir cette série ; on peut considérer que les lettres remplacent parfois un nombre et inversement.

VI - 1 B 4 D 9 G 18 L – –

Comparer les écarts d'un nombre à l'autre, d'une lettre à l'autre.

LES TESTS DE SÉRIES
CHECK-LIST

Pour les nombres

- Les nombres augmentent peu et régulièrement ? Addition d'un même nombre.
- Les nombres décroissent peu et régulièrement ? Soustraction d'un même nombre.
- Les nombres augmentent beaucoup ? Multiplication par un même nombre.
- Les nombres décroissent beaucoup ? Division par un même nombre.
- Les nombres croissent mais irrégulièrement ? Addition de deux nombres différents. Addition alternant avec multiplication.
- Les nombres décroissent mais irrégulièrement ? Soustraction de deux nombres différents. Soustraction alternant avec division.
- Les nombres croissent régulièrement, mais de plus en plus ou de moins en moins ? Addition successive de nombres qui forment une série (ordre numérique, croissant ou décroissant, nombres pairs, impairs).
- Les nombres décroissent régulièrement, mais de plus en plus ou de moins en moins ? Soustraction successive de nombres qui forment une série.

- Les nombres croissent et décroissent ? Alternativement addition et soustraction ; addition et division ; multiplication et soustraction ; multiplication et division. Deux séries imbriquées.

Pour les lettres

- Appliquer les mêmes raisonnements que pour les chiffres : on saute par-dessus un certain nombre de lettres en progressant ou en reculant dans l'alphabet. Le nombre de lettres qui manque peut être régulier, croître, décroître, ou alterner.

Pour les séries mixtes

- Généralement il s'agit de deux séries indépendantes.
- Les nombres peuvent indiquer le nombre de lettres à sauter ou (plus rare) l'inverse.
- L'imbrication des deux séries, même si elle n'est pas complexe, doit être prise en compte.

Les tests de cartes à jouer

Pour chaque exercice,
trouvez la valeur et la couleur de la carte cachée.

Tout comme Anstay s'était servi de dominos pour apprécier l'aptitude au raisonnement logique, G. Pire s'est tourné vers les cartes à jouer pour créer le test M.G.M. plus couramment appelé « test des cartes à jouer ». Sans atteindre la popularité des tests de dominos, le M.G.M. est utilisé assez souvent par les organismes de recrutement.

Ce test se présente sous la forme d'un livret comprenant quarante exercices. Les instructions sont données oralement par l'opérateur du test, et celui-ci a le droit de fournir des explications pendant le déroulement de l'épreuve.

Chaque exercice comprend plusieurs cartes à jouer disposées selon une logique que le candidat doit découvrir pour trouver la valeur et la couleur d'une carte qui a été retournée, face cachée (certains exercices comprennent deux cartes à trouver). Le candidat dispose de 25 minutes, ce qui signifie en moyenne 37 secondes et demie par question. (Cependant, si le candidat met moins de temps que cela, le fait est noté et pris en considération lors de l'évaluation des résultats.)

Pour pouvoir quitter la séance avant le temps alloué, ayant répondu correctement à toutes les questions, il vaut mieux s'entraîner un peu ! Tout d'abord, sachez que dans le test lui-même, seules les cartes de 1 à 10 sont utilisées – Valet, Dame et Roi sont exclus. L'As a toujours la valeur de 1 et le Joker n'a qu'une fonction décorative ou à la rigueur celle de pivot d'une symétrie, mais il ne faut pas en tenir compte dans vos raisonnements logiques et numériques (selon l'expression de son créateur, le Joker sert uniquement à remplir les espaces vides).

Comme entraînement préalable, il faut se familiariser avec les diverses sortes de questions qui risquent de vous être posées (lisez attentivement les pages suivantes), et si vous n'êtes pas un manieur de cartes, apprenez à bien les connaître. D'un coup d'œil identifiez un dix ou un sept sans avoir à le vérifier en lisant le petit chiffre sur le côté. Apprenez également les quatre couleurs des cartes : trèfle, carreau, cœur, pique. Quand une des quatre manque, vous devez pouvoir l'identifier aussitôt. Un dernier conseil de préparation : exercez-vous à compter, additionner, soustraire des valeurs entre 1 et 10. En effet, dans ce test on passe beaucoup de temps à comparer des sommes de valeurs : il faut perdre aussi peu de temps que possible à calculer ce que font par exemple : 2 + 3 + 8 + 7.

Le temps imparti ne permet pas de passer très longtemps à analyser les exercices, mais pour l'entraînement, en tout cas, il est utile d'avoir une base de réflexion. Le raisonnement se fait habituellement en deux temps. Pour commencer, on cherche généralement la valeur de la carte à trouver, ensuite on établit sa couleur.

VALEUR

Les opérations

La catégorie la plus importante, mais qui, par sa diversité, ne se signale pas par une disposition particulière.

On retrouve régulièrement :

- La somme de la valeur des cartes de chaque rangée ou chaque colonne est identique.
- La somme des valeurs de chaque rangée ou chaque colonne suit une progression régulière.
- Une carte représente la somme ou la différence, voire le produit, des cartes qui la précèdent, la suivent, ou l'entourent.
- Des paires de cartes ont toutes la même valeur, la même différence, le même produit.

Les séries

Limitées de 1 à 10, les séries ne sont jamais bien complexes :

- Nombres pairs, impairs, ou un chiffre sur trois. Séries croissantes ou décroissantes.
- Comme nous l'avons vu ci-dessus, la somme des valeurs de chaque rangée ou chaque colonne peut former une série.
- Les séries sont camouflées par la disposition des cartes horizontales, verticales, en zigzag, ou même en tournant autour d'un point central.

Les répartitions

Catégorie la plus restreinte ; nous avons essentiellement :

- des symétries horizontales, verticales ou parfois en diagonales ;
- des répétitions de cartes selon une disposition simple ;
- des répartitions avec plusieurs cartes identiques.

COULEUR

La valeur de la carte étant établie, sa couleur ne pose pas généralement de grand problème. (Rappelons que le mot couleur, dans les jeux de cartes, ne s'applique qu'à la catégorie : trèfle, carreau, cœur ou pique.)

Pour les couleurs, on retrouve le plus souvent les dispositions suivantes :

- Toutes les cartes sont de la même couleur (le cas le plus commode !).
- Les cartes alternent régulièrement entre deux couleurs.
- Chaque colonne ou chaque rangée est de la même couleur.
- Dans les dispositions en rond ou en étoile, les cartes de l'extérieur, de l'intérieur de chaque branche, sont de la même couleur.
- Dans les dispositions en rectangle, une même couleur n'apparaît qu'une fois dans chaque rangée, dans chaque colonne.
- Les quatre couleurs apparaissent dans chaque groupe de quatre cartes (rang, colonne, autre groupe).
- Les couleurs sont réparties symétriquement.

Exercice N° 1 :
Quelle est la carte retournée ?

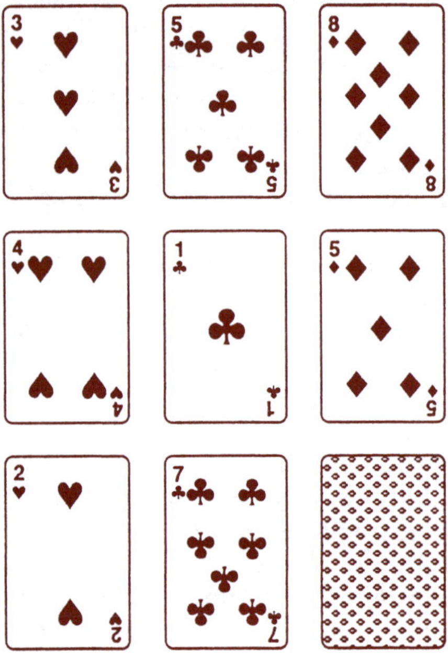

Pour la couleur pas de problème : remarquez la disposition des cœurs, des trèfles... on peut penser que les carreaux continuent de la même façon.
S'il n'y a pas de série ou de symétrie évidente, il faut chercher du côté des opérations. Addition ? Soustraction ? Horizontalement ou verticalement ?

Exercice N° 2 :
Quelle est la carte retournée ?

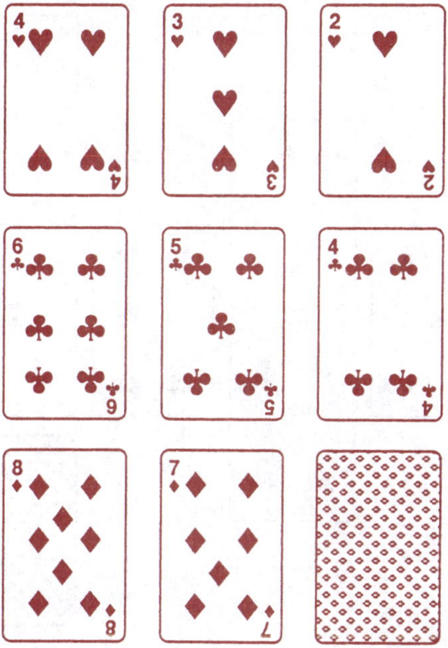

La même disposition que dans l'exercice précédent, mais pas le même raisonnement. Les valeurs des cartes ne forment pas des opérations, mais que remarquez-vous si vous les examinez, une rangée après l'autre ?
Considérez les valeurs d'abord, les couleurs ensuite.

Exercice N° 3 :
Quelle est la carte retournée ?

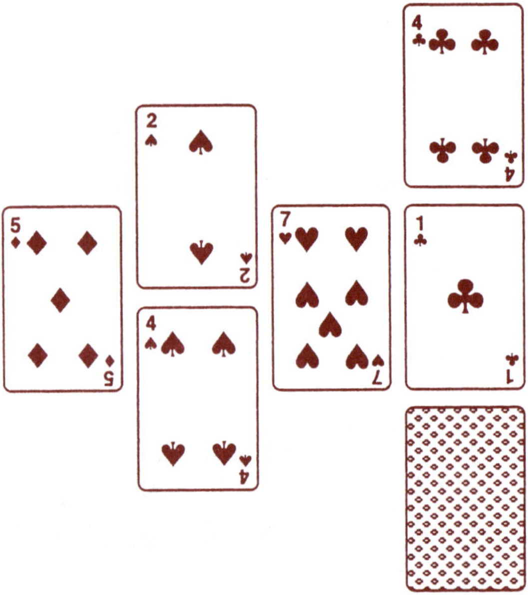

Des variantes de cette disposition reviennent assez souvent. Considérez les cartes par colonnes. Faites la somme des valeurs, comparez ces sommes. Examinez la disposition des couleurs par colonne.

Exercice N° 4 :
Quelle est la carte retournée ?

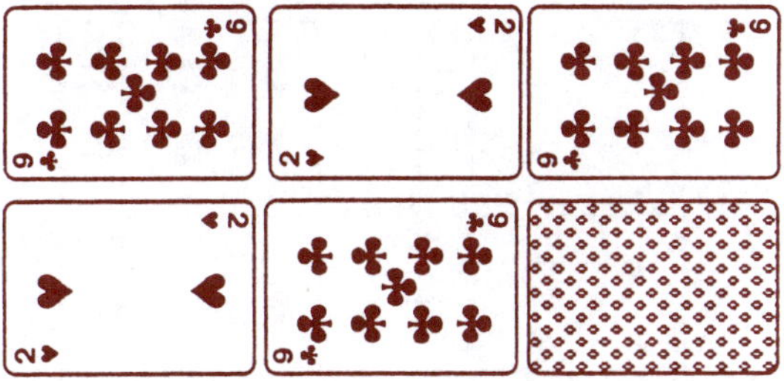

Combien de cartes différentes y a-t-il ? Quelle est leur disposition ?

Exercice N° 5 :
Quelle est la carte retournée ?

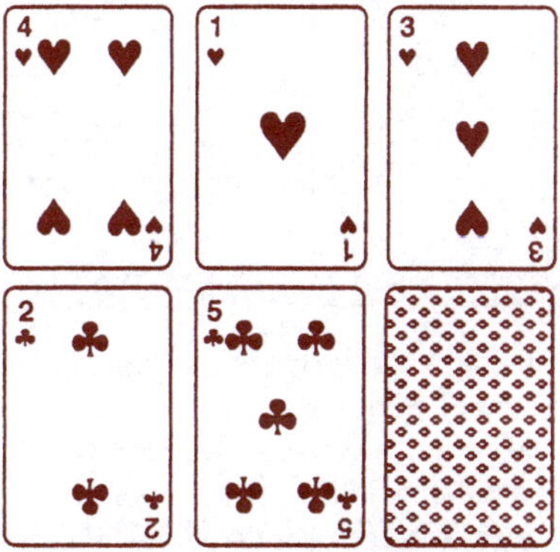

Peu d'informations : pas de série ou de disposition symétrique évidente. S'il s'agit d'opérations, il faut au moins deux exemples pour en déduire une règle à appliquer.

Exercice N° 6 :
Quelles sont les cartes retournées ?

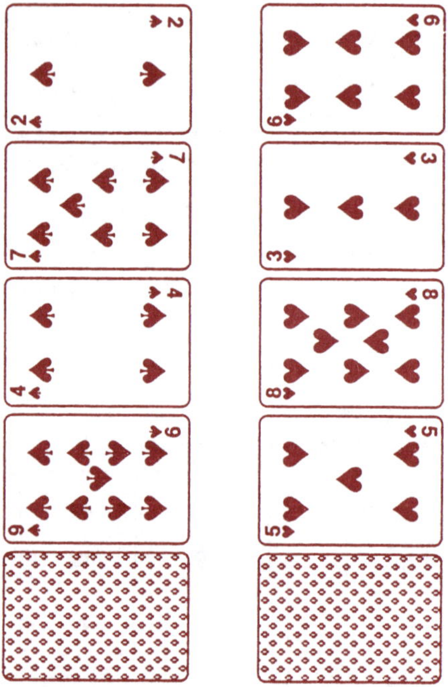

La somme des valeurs de chaque ligne progresse régulièrement, mais cette information n'est pas suffisante pour trouver les DEUX cartes du bas. Il y a donc une autre série à trouver... (Certaines personnes préfèrent lire les chiffres des cartes dans le bon sens, plutôt que couché : n'hésitez pas, quand cela est possible, à tourner l'image sur le côté pour qu'elle vous convienne !)

Exercice N° 7 :
Quelle est la carte retournée ?

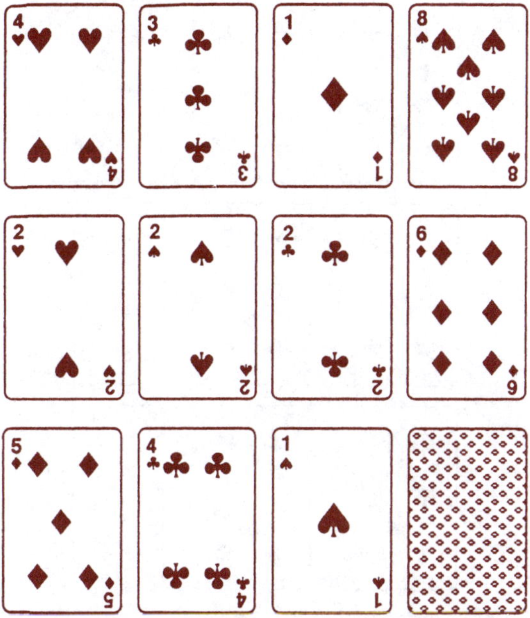

Quand on ne voit pas de série évidente, il est toujours bon de chercher du côté des opérations : la somme des rangées, des colonnes est-elle identique ou y a-t-il une progression régulière ? Une carte représente-t-elle la somme de plusieurs autres ?
Y a-t-il une couleur qui domine ? Si non, y a-t-il une répartition régulière ?

Exercice N° 8 :
Quelle est la carte retournée ?

Ce type d'exercice vient régulièrement dans les tests de matrices (voir cette section, p. 73). Vous remarquerez que les valeurs des cartes se répètent et qu'il n'y a que trois couleurs représentées.
On peut également trouver la solution en comparant la somme des rangées et des colonnes, mais vous risquez de perdre du temps.

Exercice N° 9 :
Quelle est la carte retournée ?

Ne vous préoccupez pas des Jokers, ils ne servent qu'à faire joli ! Considérez l'exercice en deux parties : les quatre cartes du haut (+ joker) forment un exemple qui doit être suivi par les cartes du bas. Il faut trouver une règle (addition ou soustraction de certaines cartes, etc.) qui donne le même résultat au moins deux fois avec l'exemple, puis l'appliquer sur le groupe de cartes du bas.

Exercice N° 10 :
Quelle est la carte retournée ?

Au choix : deux séries simples ou des opérations aux résultats identiques.

Exercice N° 11 :
Quelle est la carte retournée ?

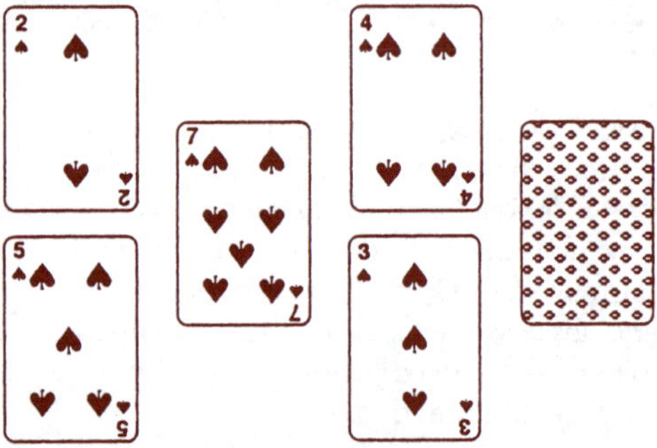

La disposition des cartes vous invite à les comparer par colonne...

Exercice N° 12 :
Quelle est la carte retournée ?

Comparez la valeur des cartes : elle se répète. Combien de fois ? Y en a-t-il une qui manque ? Regardez la disposition des couleurs : combien y a-t-il de couleurs semblables ? Y en a-t-il une qui manque ?

Exercice N° 13 :
Quelle est la carte retournée ?

Comme souvent avec les dispositions qui peuvent former deux groupes de cinq cartes, on doit considérer chaque ensemble séparément quand on examine les valeurs. Pour les couleurs, dans le cas présent, il faut tenir compte de l'ensemble.

Exercice N° 14 :
Quelle est la carte retournée ?

Avec un tout petit peu d'entraînement, le candidat doit pouvoir résoudre ce type d'exercice en quelques secondes. Une série vous frappe : a-t-elle un piège ? (non), la disposition des couleurs est-elle particulièrement complexe ? (non). Alors la solution évidente est la bonne !

Exercice N° 15 :
Quelle est la carte retournée ?

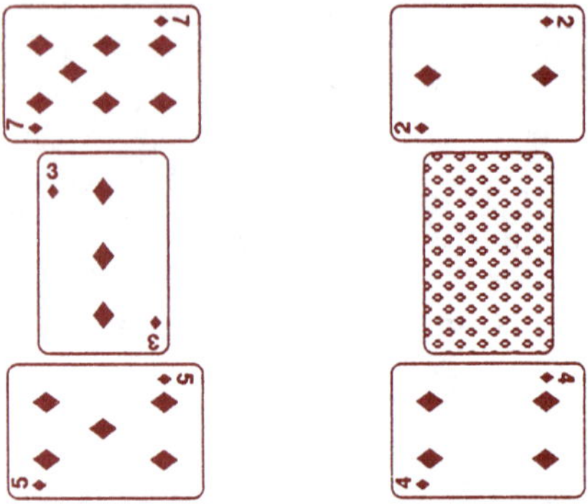

La disposition des cartes fait penser qu'il faut considérer celles de gauche d'une part, puis celles de droite : eh bien justement ce n'est pas le cas ! Pensez horizontalement, trouvez deux exemples qui donnent le même résultat, avant de vous pencher sur le troisième.

Exercice N° 16 :
Quelle est la carte retournée ?

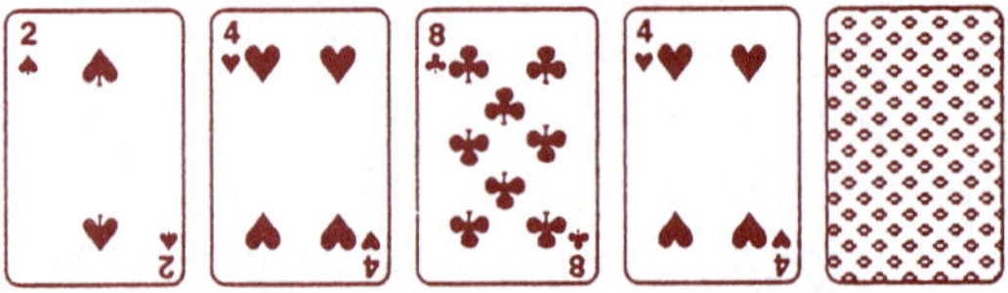

La solution vous paraît évidente ? Elle l'est ! Vous ne voyez pas ? C'est que vous cherchez des complications alors qu'il n'y en a pas !

Exercice N° 17 :
Quelle est la carte retournée ?

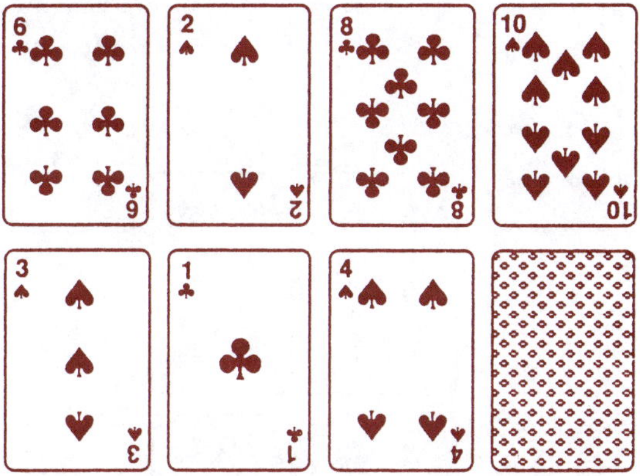

Trouvez une règle qui tient compte de toutes les cartes. Faut-il raisonner horizontalement, verticalement, ou en zigzag ? Considérez les diverses opérations : addition, soustraction, multiplication...

Exercice N° 18 :
Quelle est la carte retournée ?

Toute l'information nécessaire pour résoudre l'exercice tient en trois cartes : ceci exclut des opérations ou répartitions complexes. Cherchez plutôt du côté des séries.

Exercice N° 19 :
Quelle est la carte retournée ?

Comme souvent, la difficulté est de savoir ce que l'on cherche. La variété des cartes ne fait pas penser à un exercice de répartition, la disposition ne suggère guère une série. Essayez donc des opérations : par ligne, par colonne, par paires, etc.

Exercice N° 20 :
Quelle est la carte retournée ?

Vous ne disposez pas de beaucoup d'informations, mais les possibilités de réponses différentes sont de ce fait limitées. Comme d'habitude, ignorez le Joker.

Exercice N° 21 :
Quelle est la carte retournée ?

Cette disposition revient avec des variantes : il s'agit généralement de comparer la somme des valeurs de certaines cartes...

Exercice N° 22 :
Quelles sont les cartes retournées ?

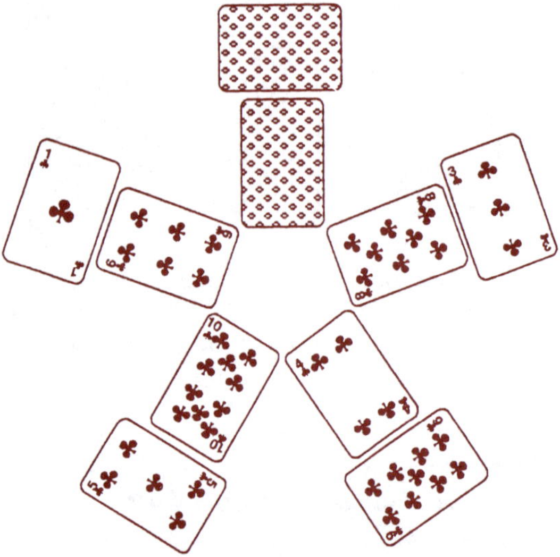

Toutes les cartes sont des trèfles, donc de ce côté-là, il n'y a pas de complications. Il y a dix cartes en tout : certaines apparaissent-elles plus d'une fois ? Ou au contraire y en a-t-il certaines qui manquent dans une série ? Comment cette série est-elle présentée ?

LES TESTS DE CARTES À JOUER
CHECK-LIST

Les mêmes cartes apparaissent plusieurs fois :
Est-ce une répartition régulière ? Une symétrie ?

Plusieurs cartes se suivent numériquement :
Est-ce une série croissante, décroissante, avec des termes manquants ?
Une série avec disposition horizontale, verticale, en rond, en zigzag ?

Quelques cartes ont une valeur élevée, les autres des valeurs basses :
Cette carte représente-t-elle la somme des valeurs d'autres cartes ? Le produit ?
Ces autres cartes sont-elles situées autour, avant, après, au-dessus, au-dessous ?

Les cartes n'ont rien de frappant, elles sont différentes et de toutes les valeurs :
Additionnez les valeurs par rang, colonne, paire et comparez : y a-t-il des résultats semblables ? Une progression numérique ?

Il semble y avoir presque toutes les cartes de 1 à 10 sauf une ou deux :

Est-ce une série toute simple, mais particulièrement bien camouflée ?

Si un raisonnement s'applique à certaines cartes, mais pas au groupe avec la carte à trouver (total supérieur à dix, par exemple) : cherchez une variante de votre raisonnement, par exemple en l'appliquant horizontalement plutôt que verticalement, etc.

Pour les couleurs : pensez en rang, en colonne, par groupe de quatre, paires de couleurs alternées, les quatre différentes couleurs par groupe de quatre cartes.

Les tests d'attention

Abc

Destinés principalement au personnel administratif, divers tests ont été conçus pour évaluer les capacités d'attention et de précision des candidats. Ces tests peuvent aussi bien poser des questions de type scolaire (petits problèmes arithmétiques, correction de fautes d'orthographe) que soumettre le candidat à des tâches peu difficiles en soi, mais qui demandent un effort de concentration soutenu.

Les tests de ce style les plus couramment utilisés, sont le BUR, plus particulièrement destiné au recrutement de personnel de bureau, et le test de Collationnement qui s'intitule « test de rapidité et d'exactitude ». Les exemples qui suivent s'inspirent librement des exercices proposés par l'un et l'autre.

Pour les questions les plus simples, le temps est souvent sévèrement limité (dans un test où il faut noter si des noms ont été copiés correctement ou pas, le temps est réduit à deux secondes et demie par question). D'autres tests laissent le candidat procéder à son rythme, mais prennent en considération le temps passé pour répondre à toutes les questions. L'évaluation variera selon le poste recherché. Il est clair par exemple, que certaines fonctions exigent une grande méticulosité, même si celle-ci prend du temps, alors que pour d'autres postes, les organismes-recruteurs chercheront avant tout un bon rendement, même s'il y a un certain nombre d'erreurs ou d'oublis. L'idéal étant, bien entendu, de combiner les deux, d'où l'intérêt de quelques séances d'entraînement pour se familiariser avec le type de questions et éventuellement pour élaborer une tactique personnelle.

Identité

Cochez les lignes où le même mot ou chiffre se retrouve écrit exactement de la même façon deux fois de suite.

1 - Mezzogiorno.................. Mezzogiorno
2 - 13, 4, 1998.................. 13/ 4/ 1998
3 - Lyle J. Petersen................ Lyle J. Petersen
4 - $US 35 994.................. $US 35 994
5 - Dzoungarie.................... Djoungarie
6 - Saint Genest.................. St Genest
7 - Téodoro Obiang Nguema...................... Téodoro Obiang Nguema
8 - Aber-Vrac'h.................... Aber-Vrac'h
9 - Hongkong...................... Hong kong
10 - 256,921 + 18,6 %......... 256,921 + 18,9 %
11 - Yaourt 33 % M.G............ Yaourt 33 % M.G.
12 - Intussusception................ Intussusception
13 - Boris Chapochnikov......... Boris Chapochnikof
14 - 569 488 751,23............ 569 488 751,23
15 - Montézuma.................... Montezuma

Ordre numérique

Barrez le minimum de nombres pour que l'ordre numérique soit respecté.

51 324,55	55 222,02
51 324,65	55 223,12
54 223,12	55 233,13
53 333,12	55 223,13
53 338,21	55 233,12
53 423,12	55 233,14
33 533,12	55 223,33
53 533,14	55 333,12
53 553,12	56 325,03
53 648,21	55 366,05
55 223,02	55 366,35
55 222,01	56 325,63

Ordre alphabétique

Cochez les noms qui ne se trouvent pas à leur place alphabétique dans cette liste.

ABIDJAN	KARACHI
AGADIR	LUANDA
AJACCIO	LUGANO
ALICANTE	LUSAKA
ANKARA	MONTÉVIDÉO
ANNAPOLIS	MONTRÉAL
BELGRADE	MORONI
BERGEN	NANTES
BERLIN	NAPLES
BELEM	NAIROBI
BERNE	NIAMEY
BRAZZAVILLE	NJAMENA
ROME	NOUAKCHOTT
BRISTOL	NOUMÉA
CAYENNE	OUARZAZATE
DJEDDAH	QUITO
DJERBA	PALMA
DUBLIN	PRAGUE
DUSSELDORF	RABAT
FEZ	RIAD
JAKARTA	SÉVILLE
GLASGOW	SFAX
GOTEBORG	SÉOUL
HONGKONG	STOCKHOLM
HOUSTON	STUTTGART
INNSBRUCK	TORONTO
KHARTHOUM	TOULOUSE
KIEV	TOKYO

Comparaisons de listes

Cochez les écrivains qui apparaissent dans une liste et pas dans l'autre.

Aragon	Zola
Claudel	Rimbaud
Leblanc	Feydeau
Gide	Baudelaire
Breton	Gide
Pagnol	Colette
Éluard	Hugo
Zola	Aragon
Colette	Verlaine
Mallarmé	Nerval
Romains	Mauriac
Dumas	Apollinaire
Rimbaud	Courteline
Sand	Dumas
Apollinaire	Proust
Feydeau	Sand
Proust	Giono
Verlaine	Pagnol
Bernanos	Musset
Nerval	Breton
Musset	Flaubert
Flaubert	Claudel
Baudelaire	Mallarmé
Daudet	Maupassant
Mauriac	Romains

Comparaisons numériques

Cochez les numéros de téléphone identiques qui apparaissent à la fois dans une liste et dans l'autre.

33 54 67 19	33 61 97 81
00 30 21 22	46 55 77 12
46 55 77 12	00 30 01 02
70 75 91 23	13 46 79 52
97 97 61 43	22 22 22 24
16 97 84 32	44 55 59 71
91 37 64 55	15 26 34 97
64 98 55 23	34 62 57 48
46 79 82 13	33 54 67 79
94 62 57 48	36 66 57 60
34 66 57 60	65 27 81 81
97 97 58 97	97 97 61 46
47 87 67 37	91 37 84 55
15 26 34 97	92 95 99 15
13 46 79 82	97 97 58 97
99 25 99 15	47 47 67 37
12 36 98 74	62 33 27 18
44 51 89 71	64 98 55 23
32 61 97 81	46 79 82 13
64 92 77 54	70 75 71 23

Comparaisons, ordre différent

Chaque mot de la première colonne utilise les mêmes lettres qu'un des mots de la seconde colonne, mais dans un ordre différent. Reformez les paires en notant dans les cases au-dessous les lettres qui correspondent aux mots recherchés.

1 - BALANCES	A - MAROCAIN
2 - ÉCLATERA	B - LAINAGES
3 - FRACTALE	C - PARTISAN
4 - ALLIANCE	D - ÉGALISER
5 - SARCASME	E - ÉCARLATE
6 - MACARONI	F - MASSACRE
7 - ANGLAISE	G - CANOTIER
8 - ANIMALES	H - APLATIES
9 - SPATIALE	I - CRAINTES
10 - PARENTAL	J - ANCÊTRES
11 - SAUMÂTRE	K - MALSAINE
12 - ASPIRANT	L - CANAILLE
13 - BASCULER	M - BANCALES
14 - ENCASTRÉ	N - CÂBLEURS
15 - RÉACTEUR	O - CANNONER
16 - RÉACTION	P - AMATEURS
17 - CUIRASSE	Q - CRÉATURE
18 - CERTAINS	R - PRÉNATAL
19 - ANNONCER	S - CALFATER
20 - GALERIES	T - SAUCIERS

1	2	3	4	5	6	7	8	9	10

11	12	13	14	15	16	17	18	19	20

Tri sélectif

Cochez les noms des personnes nées soit à Lyon, Moulins ou Lille entre 1925 et 1938 inclus, et celles nées dans des villes autres entre 1939 et 1944 inclus.

1 - Hélène Béraut	Moulins	1944
2 - Romain Bûcheron	Lille	1939
3 - Margaux Caballo	Rouen	1940
4 - Martine Cousin	Moulins	1938
5 - Bernard Desbois	Saint-Pourçain	1925
6 - Jean Escalart	Lyon	1932
7 - Michel Gervier	Paris	1933
8 - Anne-Marie Jolpe	Arles	1927
9 - Nadia Kaje	La Charité	1992
10 - Bernard Marchmann	Moulins	1937
11 - Dorothée Mardu	Lille	1965
12 - Alexis Mazerolles	Lyon	1927
13 - Christine Mijerse	Suresnes	1944
14 - Denis Muigiot	Marseille	1933
15 - Arnaud Muigiot	Marseille	1935
16 - Marguerite Pianaux	Moulins	1929
17 - Ivan Ruenau	Brest	1986
18 - Noëlle Seljean	Saint-Germain	1948
19 - Clémence Sylvestre	Lyon	1943
20 - Tomaso Tachini	Lille	1932
21 - Amélie Torréfier	Moulins	1942
22 - Nicolas Tuyau	Paris	1942
23 - Marguerite Lugnier	Lille	1926
24 - James Urena	Romorantin	1938
25 - Alain Zimpocloche	Lille	1927

Les tests de mémoire

La mémoire est une qualité que les organismes de recrutement recherchent actuellement plus souvent par d'autres biais que par les tests qui lui sont spécialement consacrés. De ce fait, les tests de mémoire proprement dits sont peu utilisés. Ils se présentent sous diverses formes, mais le principe est toujours le même : le candidat doit observer un schéma pendant une minute, puis il doit, soit le reproduire, soit reconnaître des éléments sur une autre planche, soit retrouver des modifications, etc.

Ces tests mettent bien entendu la mémoire à l'épreuve, mais pas uniquement la mémoire. En effet, avec une approche intelligente du problème, le candidat réussit beaucoup mieux que s'il ne fait appel qu'à sa mémoire. Chacun trouvera les méthodes qui lui réussissent le mieux, mais en voici quelques-unes que certaines personnes ont trouvées efficaces.

Avec une série de figures, on peut personnaliser chacune d'elles en lui donnant un nom, et s'il est important de se mémoriser l'ordre de ces figures, on essaie de relier ces personnalisations entre elles. Par exemple, avec la première ligne de l'exercice 3 (p. 157), on pourrait se dire : « Les télescopes observent la planète et le losange, tous blancs » (encore une fois, chacun trouvera les phrases qui évoquent les dessins de la façon la plus parlante pour lui). Par ailleurs, la phrase ne contient pas toute l'information (dans quel sens est le losange ? Quelle est l'inclinaison de l'anneau de la planète ?). Certaines personnes trouvent que « l'invention » de la phrase leur permet de fixer ces détails dans leur mémoire, d'autres pas du tout. Avec des dessins plus réalistes, tels que dans l'exercice 1 (p. 153), cette méthode est plus facile, mais presque impossible pour le dessin géométrique de l'exercice 2 (p. 155).

D'autres personnes simplifient les formes mentalement et essaient de retenir une description sommaire. Pour la première ligne du test 3 de nouveau, on pourrait avoir « 3 triangles, 2 formes arrondies, 1 losange » (encore une fois, toute l'information n'est pas dans la phrase). Cette méthode est plus difficile à appliquer aux dessins réalistes tels ceux du test 1, mais possible avec le dessin abstrait du test 2.

Une autre méthode consiste à noter les relations visuelles que l'on peut trouver entre des éléments disparates. Pour l'exercice 3, on remarque qu'il y a une forme comprenant un rond ou un rond partiel dans chaque rangée, que les formes sombres se trouvent au centre, l'une au-dessus de l'autre, etc.

Finalement, mentionnons une méthode très efficace pour relier une image ou une phrase à un nombre (ou, comme dans le cas de l'exercice 3, une case numérotée). Il faut se préparer à l'avance et mentalement à relier chaque nombre (disons de 1 à 100) à un terme, un mot, une image de son choix. Ensuite on mémorise cette liste. À vie. Après, chaque fois qu'il faut se souvenir d'une position numérique, on l'associe au terme que l'on a mémorisé. Par exemple, pour bien des Français, 22, c'est « les flics ». Si vous devez vous rappeler, associé à ce chiffre 22, disons le mot *prune*, hop, vous formez une petite phrase : « Les flics sont venus pour des prunes. » Quand on vous demande le numéro du mot *prune*, votre petite phrase vous revient en mémoire et le tour est joué. Avec un peu d'entraînement, de nombreuses personnes ont réussi ainsi à se rappeler sans trop de mal des listes d'au moins cent mots.

Mais, ainsi que nous l'avons déjà dit, chacun trouvera sa propre méthode : l'important c'est d'en avoir une !

Exercice N° 1 A

Observez bien ce dessin pendant une minute, puis tournez la page et reportez-vous à l'exercice 1 B.

Exercice N° 1 B

Pour chaque dessin, indiquez le détail ou l'orientation qui a changé.

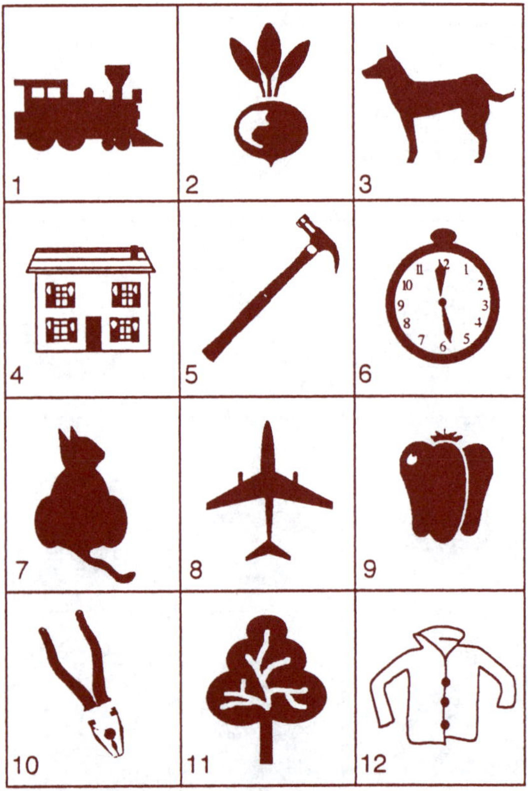

Exercice N° 2 A
Observez bien ces dessins pendant une minute, puis tournez la page et reportez-vous à l'exercice 2 B.

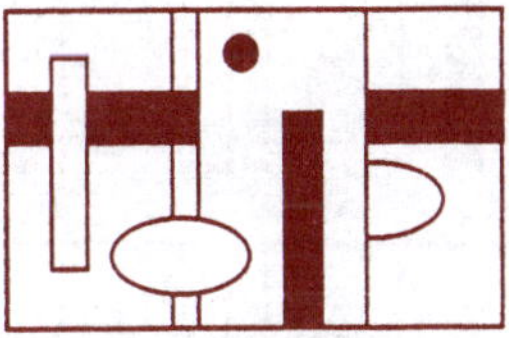

Exercice N° 2 B

Cochez les deux dessins identiques à ceux que vous venez d'observer.

1

2

3

4

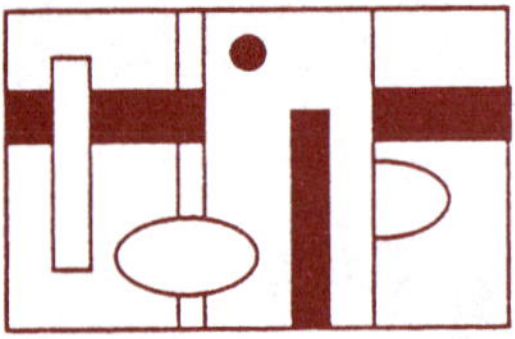

1

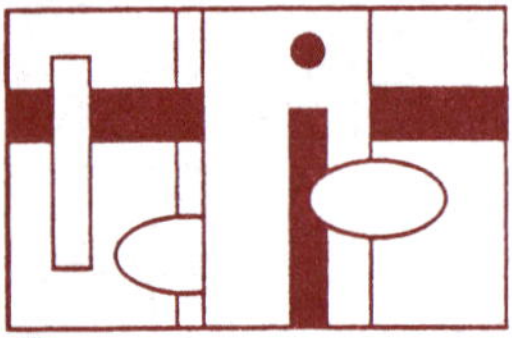

2

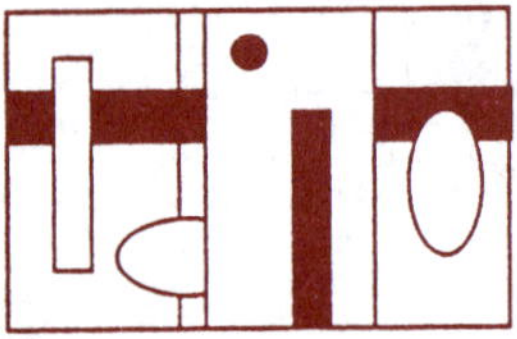

3

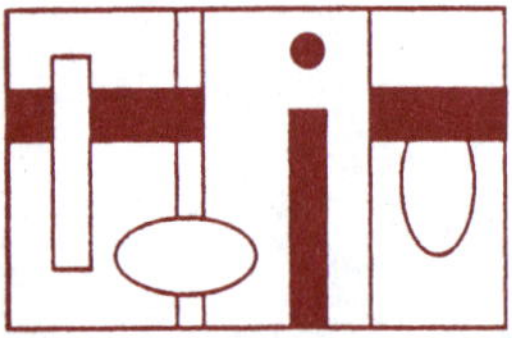

4

Exercice N° 3 A
Observez bien ces dessins pendant une minute, puis tournez la page et reportez-vous à l'exercice 3 B.

Exercice N° 3 B

Notez le numéro du dessin qui se trouvait dans chaque case de la grille que vous venez d'étudier.

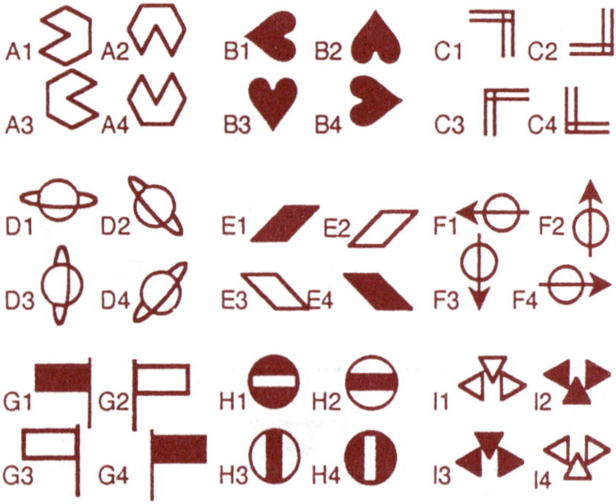

1	2	3
4	5	6
7	8	9

Exercice N° 4 A

Lisez attentivement les informations suivantes, puis tournez la page et reportez-vous à l'exercice 4 B.

- 16 % des Français ne savent pas écrire le mot « orthographe ».
- Une femme sur quatre est grand-mère avant l'âge de cinquante ans.
- Environ un tiers des Français ne sont pas capables de dire qui a peint *La Joconde*.
- 5 % des Français pensent que Jean-Pierre Foucault est le présentateur le plus intelligent.
- Environ la moitié des ménages français possèdent un grille-pain.
- En 1988, les Français ont dépensé 234 millions de francs en achats de poubelles ou de sacs poubelle.
- 59 % des Français ne savent pas écrire le mot « rhododendron ».
- Chaque année, sept Français meurent par suite d'une morsure de serpent.
- Un Français sur cinq a collectionné les timbres à un moment ou à un autre de sa vie.
- Chaque jour, 1 500 opérations de l'appendicite ont lieu en France.
- Un Français sur deux reconnaît avoir trompé sa femme pendant les vacances.
- Chaque année, 41 millions de brosses à dents sont vendues en France.
- Il y a 7 % des Français qui considèrent que Jean-Pierre Foucault est le présentateur le plus bête.
- Un Français sur cent est mordu par un chien chaque année.

Toutes ces statistiques sont tirées de l'ouvrage de Jérôme Duhamel : *Vous les Français* (Albin Michel).

Exercice N° 4 B

Maintenant, répondez aux questions et complétez les mots ou les nombres manquants :

1 - Y a-t-il plus de Français qui pensent que Jean-Pierre Foucault est le présentateur le plus intelligent ou le plus bête ? ....

2 - 16 % des Français ne savent pas écrire le mot ....

3 - Un Français sur .... reconnaît avoir trompé sa femme pendant les vacances.

4 - Environ un tiers des Français ne sont pas capables de dire qui a peint « .... ».

5 - Une femme sur quatre est grand-mère avant l'âge de ....

6 - En 1988, les Français ont-ils dépensé pour l'achat de poubelles ou de sacs poubelle plus ou moins de 250 millions de francs ? ....

7 - Chaque mois, environ sept Français meurent par suite d'une morsure de serpent : vrai ou faux ? ....

8 - Chaque jour .... opérations de l'appendicite ont lieu en France.

9 - Un Français sur .... a collectionné les timbres à un moment ou à un autre de sa vie.

10 - Chaque année, ... de brosses à dents sont vendues en France.

Solutions commentées

? = !

LES SÉRIES VISUELLES

N° 1 : **5** DÉPLACEMENT

Le point noir progresse d'une case vers la droite à chaque fois, tandis que le point blanc monte d'une case vers le haut. Deux mouvements que l'on retrouve régulièrement dans ces séries. La division de chaque case de la série en 16 petits carrés indique presque invariablement un déplacement régulier de petits carrés, cercles et autres formes.

N° 2 : **4** DÉPLACEMENT

Le point qui commence dans le coin inférieur gauche progresse vers la droite, l'autre descend d'une case à chaque fois. Avec un peu d'entraînement, la case à trouver de ces séries simples peut être reconnue sans qu'il soit nécessaire de vérifier chaque case.

N° 3 : **6** ROTATION

Le trait qui traverse le carré tourne de 1/8 de tour à chaque fois, le rond noir restant toujours à la même extrémité.

N° 4 : **5** DÉPLACEMENT

Le rond se déplace autour du carré en passant d'un coin à l'autre dans le sens des aiguilles d'une montre, alors que le carré fait un trajet analogue, mais en sens inverse.

N° 5 : **4** DÉPLACEMENT et TRANSFORMATION

Un rond sur la ligne du haut progresse régulièrement vers la droite, mais en changeant de couleur à chaque fois. Le rond sur l'avant-dernière ligne fait la même chose, mais vers la gauche.

N° 6 : **5** TRANSFORMATION

Il y a une ligne supplémentaire à chaque fois et le carré noir, tel un ludion, passe alternativement de haut en bas.

N° 7 : **6** DÉPLACEMENT

Le triangle progresse d'une case, en diagonale, vers le coin inférieur droit. La case noire progresse horizontalement d'une case vers la droite, sort, et rentre à gauche.

N° 8 : **2** ROTATION

Les deux triangles tournent autour du carré dans le sens des aiguilles d'une montre et sur eux-mêmes également dans le sens des aiguilles d'une montre. On peut considérer que c'est le grand carré en entier qui tourne de 90° à chaque fois.

Les triangles méritent toujours une attention particulière : quand ils subissent une rotation, ils changent d'orientation, mais celle-ci ne se remarque pas toujours.

N° 9 : **2** DÉPLACEMENT

Le carré suit une diagonale descendante vers la droite. Après la « sortie » du cadre, il réapparaît dans le coin opposé. Le rond progresse horizontalement vers la gauche et après sa sortie réapparaît à droite.

N° 10 : **5** DÉPLACEMENT

Les cases noires et rayées verticalement tournent autour du carré dans le sens inverse des aiguilles d'une montre. Les deux autres cases tournent dans le sens contraire.

N° 11 : **5** DÉPLACEMENT

Le A tourne autour du carré dans le sens contraire des aiguilles d'une montre. Le B et le rond vont alternativement de haut en bas.

N° 12 : **4** DÉPLACEMENT

Les carrés noirs de la deuxième colonne ne bougent pas et masquent par moment la progression des autres carrés : sur la rangée du haut, un carré progresse vers la gauche ; un autre sur la deuxième rangée progresse vers la droite.

N° 13 : **1** ROTATION

Un trait avance de 1/4 de tour dans le sens des aiguilles d'une montre ; l'autre, de 1/8 de tour dans le sens inverse.

N° 14 : **5** TRANSFORMATION

Il y a un petit carré de plus à chaque fois. Les carrés déjà placés restent en place et, chaque fois, un autre est ajouté dans le sens de l'écriture, c'est-à-dire de gauche à droite et en ligne allant vers le bas. Le rond est alternativement blanc et noir.

N° 15 : **2** ROTATION

Deux traits tournent dans le sens des aiguilles d'une montre, l'un se déplaçant de 1/4 de tour à chaque fois, l'autre de 1/8 de tour. Quand les aiguilles sont superposées, on n'en voit qu'un.

N° 16 : 2 DÉPLACEMENT et TRANSFORMATION

Le carré noir tourne dans le sens des aiguilles d'une montre et il est alternativement de petite et de grande taille. Le rond monte et descend sur le côté gauche, changeant de couleur à chaque fois. La taille variable d'un élément peut rendre la « lecture » moins aisée : ne pas oublier que cela peut faire partie des « variables ».

N° 17 : 2 DÉPLACEMENT

Les deux carrés au centre de la grille sont fixes. Le carré du bas se déplace vers le haut ; celui du haut descend en diagonale vers le coin inférieur gauche.

N° 18 : 1 DÉPLACEMENT

Un carré tourne dans le sens des aiguilles d'une montre ; l'autre, en sens inverse. Quand ils se superposent, on ne voit qu'un carré.

N° 19 : 5 DÉPLACEMENT et ROTATION

Le T se déplace en diagonale vers le coin inférieur droit et, à chaque fois, il tourne de 1/4 de tour sur lui-même dans le sens des aiguilles d'une montre. Le carré noir descend également en diagonale. Quand il sort du cadre par le bas, il réapparaît dans la colonne suivante, mais en haut.

N° 20 : 2 DÉPLACEMENT

Le quart supérieur gauche forme un cache qui ne bouge pas. Les autres carrés se déplacent autour du cadre, dans le sens contraire des aiguilles d'une montre et sont occultés quand ils passent sous le cache.

N° 21 : **4** ROTATION et TRANSFORMATION

Deux interprétations. Soit toute la grille tourne d'une pièce dans le sens inverse des aiguilles d'une montre. Le rond passe alternativement du blanc au noir. Soit les deux carrés noirs sont solidaires et ils tournent ensemble autour du cadre dans le sens contraire des aiguilles d'une montre. Le rond tourne dans le même sens.

N° 22 : **5** ROTATION

Un trait tourne de 1/8 de tour dans le sens des aiguilles d'une montre ; l'autre, de 1/4 de tour dans le sens inverse ; le troisième (à 12 heures) reste fixe.

N° 23 : **2** DÉPLACEMENT

Deux carrés se déplacent vers la droite, et le troisième vers le haut. Dans la deuxième grille de la série, deux carrés noirs se superposent. Le carré qui « sort » du cadre à droite réapparaît ensuite à gauche.

N° 24 : **1** ROTATION-TRANSFORMATION DÉPLACEMENT

Les traits tournent de 1/8 de tour, dans le sens contraire des aiguilles d'une montre. Le rond et le carré progressent de 1/4 de tour dans le sens des aiguilles d'une montre. Quand une forme se trouve entre les traits, elle devient noire. La solution N° 4 peut se justifier en disant que le carré est alternativement deux fois blanc, puis deux fois noir. Les données de départ sont plus faibles que la solution requise.

N° 25 : **6** DÉPLACEMENT et ROTATION

Le cercle passe d'un coin à l'autre. La flèche tourne autour du grand carré de 1/4 de tour en sens contraire des aiguilles d'une montre. Le triangle suit le même trajet et tourne de 1/4 de tour sur lui-même dans le sens des aiguilles d'une montre.

N° 26 : **6** DÉPLACEMENT et ROTATION

Les hachures tournent sur place : en haut, de 1/8 de tour dans le sens des aiguilles d'une montre ; en bas, elles tournent de 1/4 de tour. Le rond tourne autour de la grille de 1/4 de tour dans le sens contraire des aiguilles d'une montre.

N° 27 : **1** ROTATION et TRANSFORMATION

Soit le grand carré, avec tout ce qu'il contient, tourne de 1/4 de tour dans le sens inverse des aiguilles d'une montre. Le petit triangle au centre passe alternativement du noir au blanc. Soit les deux triangles tournent de 1/4 de tour chacun dans leur carré respectif.

N° 28 : **5** DÉPLACEMENT et TRANSFORMATION

Les chiffres sont en ordre numérique croissant et placés dans les coins successifs du cadre dans le sens inverse des aiguilles d'une montre. Par ailleurs, ces chiffres tournent sur eux-mêmes de 1/4 de tour dans le sens des aiguilles d'une montre. Les lettres sont placées par ordre alphabétique dans le cadre et dans le sens des aiguilles d'une montre.

N° 29 : **5** ROTATION

Le carré noir est accolé à un trait qui tourne de 1/4 de tour dans le sens des aiguilles d'une montre ; le carré blanc est accolé à un trait qui tourne de 1/8 de tour dans le sens inverse. Quand il y a superposition, le carré noir occulte le carré blanc.

N° 30 : **3** ROTATION

Le rond tourne de 1/8 de tour dans le sens des aiguilles d'une montre, le trait de 1/8 de tour, dans le sens inverse. Le carré tourne de 1/8 de tour dans le sens des aiguilles d'une montre et de 1/8 de tour sur lui-même à chaque fois.

LES TESTS DE COMPRÉHENSION VERBALE

TEST DE VOCABULAIRE

1 - **Filleul** (n'est pas un lien de parenté) ;
2 - **Protester** (s'applique à ce que l'on dit plutôt qu'à la manière d'émettre des sons) ;
3 - **Néfaste** (est nuisible, plutôt que le contraire de quelque chose d'autre) ;
4 - **Cavatine** (une chanson, alors que les autres sont des chapeaux) ;
5 - **Fleuve** (le cours d'eau lui-même, les autres mots en nomment une partie) ;
6 - **Enrober** (entourer quelque chose, plutôt qu'en disperser un peu partout) ;
7 - **Outrecuidant** (présomptueux, plutôt qu'audacieux et courageux) ;
8 - **Altercation** (le résultat de tous les autres mots de la liste) ;

9 - **Nautique** (se rapporte aux navires, les autres mots à l'eau et la mer) ;
10 - **Fulgurant** (vif, éclatant et rapide, plutôt que de courte durée) ;
11 - **Pondérer** (signifie équilibrer et non pas ajouter du poids) ;
12 - **Exhorter** (essayer de convaincre, plutôt que de flatter) ;
13 - **Atrabilaire** (irritable et de mauvaise humeur, mais pas nécessairement violent) ;
14 - **Improviser** (ne signifie pas copier quelqu'un ou quelque chose, comme les autres mots) ;
15 - **Inclinaison** (une orientation plutôt que la façon de se tenir).

TEST DE COMPRÉHENSION

1 - **B et D**
2 - **C et D**
3 - **A et B**
4 - **A et D**
5 - **A et C**
6 - **C et D**
7 - **A et C**
8 - **B et C**
9 - **D et F**
10 - **B et E**

LES TESTS DE DOMINOS

N° 1 RÉPARTITION

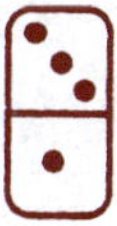

Les dominos de la rangée du haut se retrouvent symétriquement dans la rangée en dessous.
On peut également considérer que les dominos viennent par paires en positions inverses et qu'il faut compléter la dernière paire.

N° 2 RÉPARTITION

Les dominos sont disposés symétriquement, face à face par rapport au centre de l'étoile (ou, comme avec le N° 1, des paires à compléter).

N° 3 SÉRIE

Soit deux séries superposées (cases du haut de 0 à 5 ; case du bas de 1 à 6) ou une série en mettant les dominos bout à bout, chaque domino reprenant la dernière case du précédent.

N° 4 SÉRIE

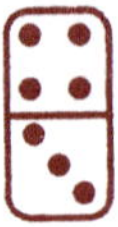

Si on remet les dominos en ligne droite, on a une série simple, décroissante, où chaque domino reprend la dernière case du précédent.

N° 5 RÉPARTITION

Trois dominos différents qui viennent chacun en trois exemplaires et qui sont disposés pour que le même domino n'apparaisse jamais deux fois dans une même rangée ou une même colonne.

N° 6 RÉPARTITION

Exercice rigoureusement identique au précédent, mais un peu plus difficile à identifier du fait de la diversité des nombres de points sur les dominos.

N° 7 SÉRIE

Série décroissante simple : chaque case décroît d'une place par rapport à la case précédente.

N° 8 SÉRIE

En ne considérant que les cases du haut de chaque domino, nous avons une série croissante, qui saute un terme à chaque fois : 2 (3) 4 (5) 6 (0) (1), etc. Les cases du bas contiennent toutes quatre points.

N° 9 SÉRIE

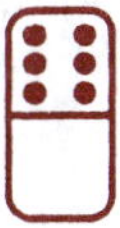

Deux séries horizontales. Cases supérieures : série croissante où chaque terme apparaît deux fois de suite. Cases inférieures : série décroissante simple.

N° 10 SÉRIE

Deux séries à progression simple dans le sens contraire des aiguilles d'une montre, l'une avec les cases à l'intérieur de l'étoile, l'autre avec les cases extérieures.

N° 11 OPÉRATION

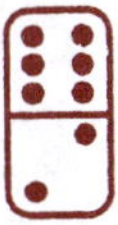

La troisième case de chaque rangée horizontale représente la somme des deux premières.

N° 12 RÉPARTITION / SÉRIE

Les dominos sont disposés symétriquement par rapport au centre de l'étoile comme l'exercice N° 2. On peut également remarquer deux séries : à l'extérieur, les nombres impairs et le zéro ; à l'intérieur, les nombres pairs et le zéro.

N° 13 SÉRIE

Si l'on redresse les dominos pour former une ligne droite, on obtient une série croissante, avec un terme qui manque entre chaque domino : 2/3 (4) 5/6 (0) 1/2 (3), etc.

N° 14 SÉRIE

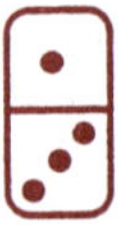

Deux séries. Cases du haut : série croissante avec un terme qui manque entre chaque case : 5 (6) 0 (1) 2 (3) 4, etc. Cases du bas, série croissante simple.

N° 15 OPÉRATION

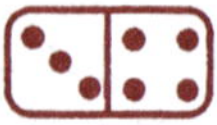

La troisième case de chaque colonne verticale représente la somme des deux cases au-dessus : 0 + 5 = 5, 4 + 2 = 6, etc.

N° 16 SÉRIE

Deux séries croissantes simples (dans le sens contraire des aiguilles d'une montre). L'une, avec la première case de chaque domino : l'autre, avec la seconde case.

N° 17 RÉPARTITION

Les dominos sont disposés symétriquement de part et d'autre du domino 1 – 4 à mi-hauteur.

N° 18 SÉRIE et RÉPARTITION

Les cases extérieures dans le sens des aiguilles d'une montre forment une série croissante, avec un terme qui manque entre chaque case. (Si le domino « ? » est pris comme le premier de la série, la case extérieure devrait être 1 – parfaitement logique, mais parfois noté comme faux...). Les cases intérieures sont disposées pour que des cases identiques soient face à face.

N° 19 OPÉRATION

Les dominos du bas doublent le nombre de points des dominos du haut.

N° 20 SÉRIE et RÉPARTITION

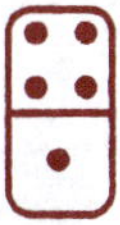

Une simple série croissante (3, 4, 5...) est disposée en zigzag (alternativement case du haut, case du bas). Les autres cases (donc en zigzag également) ne contiennent que des 4. Cette disposition est moins évidente, présentée par exemple avec des dominos en colimaçon.

N° 21 SÉRIE

On traverse un domino après l'autre, sautant un terme entre chaque domino : 0/1 (2) 3/4 (5) 6/0, etc. Autre interprétation : deux séries, l'une extérieure, l'autre intérieure, avec entre chaque case, alternativement, 1 et 3 termes qui manquent : 1 (2) 3 (4, 5, 6) (1) 2 (3, 4, 5) 6, etc.

N° 22 SÉRIE

Deux séries. L'une avec les premières cases de chaque domino où l'on saute deux termes entre chaque case : 0 (1, 2) 3 (4, 5) 6, etc. L'autre, avec la seconde case de chaque domino, série rétrograde où l'on saute un terme entre chaque case : 6 (5) 4 (3) 2 (1) 0, etc.

N° 23 SÉRIE

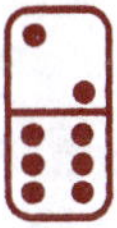

Deux séries. Cases du haut : série croissante, on ne saute d'abord aucun terme entre les cases, puis un, puis deux, puis trois, etc. : 1 (-) 2 (3) 4 (5, 6) 0, etc. Cases du bas : on avance d'un terme et on recule d'un terme, puis on avance de deux termes et on recule de deux, etc.

N° 24 OPÉRATION et SÉRIE

Cases du haut des dominos de chaque rangée : la troisième case est la somme des deux premières. Les cases du bas forment une simple série croissante.

LES TESTS DE RAISONNEMENT

1 - Lundi

2 - Morale

3 - Parfum

4 - Salon

5 - Tricot

6 - Casser

(plutôt que *crasse* ou *sacres*, car les mots après le point-virgule sont exactement dans l'ordre inverse des premiers).

7 - Établi

8 - Songe

(il ne s'agit plus d'anagramme, mais de la dernière partie des mots).

9 - Ami

(cette fois, c'est la partie centrale du mot : *mine* du coup ne se justifie pas et de plus ne loge pas sur le nombre donné de tirets).

10 - Milite

(chaque chiffre correspond dans l'ordre à chaque lettre du mot à côté : 5 = L, 3 = i, 2 = M, etc. Ensuite, on transcrit le second groupe de chiffres donné : 2 = M, 3 = I, etc.).

11 - Romain

(même méthode que ci-dessus).

12 - 93751

13 - 211423

14 - Bandit

(on prend d'abord la lettre accompagnée du 1, ensuite celle du 2 et ainsi de suite, en suivant l'ordre numérique).

15 - Rythme

16 - H

(la lettre correspond à la première lettre du chiffre quand il est écrit en toutes lettres).

17 - Fruit

(chaque nom particulier est suivi de sa catégorie plus générale).

18 - Anse

(partie par laquelle on tient l'objet).

19 - Chanter
(les trois oiseaux, suivis dans le même ordre par le nom de leur cri).

20 - Oublier
(chaque mot a son contraire, l'ordre des mots n'est pas le même que dans les exemples précédents).

21 - 5
(le chiffre correspond au nombre de traits utilisés pour former les chiffres romains).

22 - Biréacteur
(mot qui appartient à une autre catégorie : ce n'est pas un bateau).

23 - Mouvement
(mot qui est le contraire de **deux** autres mots).

24 - Mammifère 2
(il faut former une phrase avec les trois premiers mots : « Le bridge est un jeu de cartes » et l'on remarque que le nombre de deux correspond à l'ordre dans lequel ces mots sont utilisés dans la phrase. Si l'on essaye d'appliquer la même règle avec les mots du bas, on peut former la phrase : « La baleine est un mammifère marin » et les chiffres 1, 2 et 3 suivent la progression des trois mots dans la phrase. Voici le raisonnement qui est imposé. Le mot *animal*, par exemple, ne correspond pas au nombre de tirets).

25 - 2
(nombre de consonnes).

26 - 1
(rang alphabétique de la première lettre).

27 - 4
(nombre de voyelles).

28 - 6
(nombre de lettres).

29 - 3
(si une même lettre apparaît plus d'une fois : nombre de fois).

30 - 5
(rang alphabétique de la dernière lettre).

LES TESTS DE MATRICES

N° 1 : **3** RÉPARTITION

Trois figures sont réparties dans la grille pour que chacune apparaisse une fois, et une fois seulement, dans chaque rangée et chaque colonne. Remarquez la diagonale de triangles : elle est caractéristique de ce type de répartition.

N° 2 : **8** SUPERPOSITION

Les figures de droite sont obtenues en superposant les deux figures qui les précèdent ; les figures du bas en superposant les deux figures au-dessus.

N° 3 : **5** TRANSFORMATION

La figure dans le coin supérieur gauche tourne de 90° dans le sens des aiguilles d'une montre sur chaque rangée et sur chaque colonne. La diagonale peut faire penser à une répartition comme le N° 1, mais noter qu'il y a plus de trois figures différentes.

N° 4 : **5** ASSEMBLAGE

Les ronds supérieurs des figures de la colonne de gauche se retrouvent dans la colonne de droite, à gauche de la figure. Les ronds inférieurs de la colonne du milieu se retrouvent dans la colonne de droite, à droite de la figure.

N° 5 : **3** TRANSFORMATION

Il y a autant de pions à gauche que la somme des deux lots précédents. Il y a autant de pions au-dessous que la différence entre les pions au-dessus.

N° 6 : **5** ASSEMBLAGE et TRANSFORMATION

La figure de droite est obtenue en accolant les deux figures précédentes ; la figure du bas en accolant les deux figures au-dessus.

N° 7 : **5** RÉPARTITION

Une répartition comme le N° 1 (un élément par rangée et par colonne), sauf que chaque élément apparaît une fois en sens inverse.

N° 8 : **3** SUPERPOSITION

La forme du milieu est la superposition des figures de chaque côté. (Pas de logique verticale.)

N° 9 : **4** RÉPARTITION

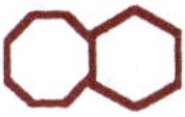

La répartition par colonne et par rangée du N° 1, avec la particularité que l'on doit considérer, d'une part les figures à gauche, d'autre part les figures à droite.

N° 10 : **2** SUPERPOSITION

On superpose les deux premiers dessins et l'on élimine tous les traits communs pour former le troisième (logique horizontale et verticale).

N° 11 : **1** TRANSFORMATION

Horizontalement : le triangle tourne de 90° dans le sens des aiguilles d'une montre et la flèche tourne de 90° en sens inverse. Verticalement : l'ensemble tourne de 90° dans le sens des aiguilles d'une montre.

N° 12 : **4** ASSEMBLAGE

Les figures de chaque rangée ont des dessins identiques, toujours dans des positions semblables, d'une rangée à l'autre. Par exemple, le dessin dans le coin supérieur gauche de la première figure se retrouve toujours dans le coin supérieur droit de la troisième figure, etc.

N° 13 : **1** SUPERPOSITION

Superposer les deux premiers dessins et éliminer les ronds qui sont côte à côte intérieur/extérieur du rond. (Logique horizontale et verticale.)

N° 14 : **7** TRANSFORMATION

Chaque flèche tourne de 1/8 de tour en sens opposé – progression horizontale. (Les deux premières figures de la dernière rangée semblent ne pas progresser car chaque flèche prend la place de l'autre.)

N° 15 : **5** RÉPARTITION et TRANSFORMATION

Une forme par colonne et par rangée ; une fois en noir, une fois en blanc et une fois en bicolore. La division de la forme demeure dans le même sens (donc N° 8 : pas de solution possible).

N° 16 : **1** RÉPARTITION et TRANSFORMATION

Les figures de gauche d'une part et les figures de droite d'autre part, viennent une fois par colonne et par rangée. Par ailleurs, chaque figure apparaît une fois à l'envers.

N° 17 : **4** SUPERPOSITION

On superpose les deux premières figures et on ne garde que les traits communs pour former la troisième (logique horizontale et verticale).

N° 18 : **5** SUPERPOSITION

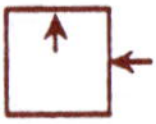

Comme avec le N° 13, on superpose, et on annule les flèches qui se font face ; ici, cependant, il faut lire de la droite vers la gauche et du bas vers le haut.

N° 19 : **6**

RÉPARTITION

Chaque dessin de couleur ou d'orientation différente est pris comme un élément différent. Il faut les répartir pour qu'il y en ait un par colonne et par rangée.

N° 20 : **3**

RÉPARTITION ou SUPERPOSITION

Exercice identique au précédent, chaque motif différent est considéré séparément : les répartir un par rangée et un par colonne. Autre solution : une superposition où chaque bande blanche est le résultat de la superposition de deux motifs différents.

N° 21 : **3**

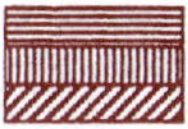

RÉPARTITION ou SUPERPOSITION

Une superposition où **noir** est le résultat de la superposition de motifs identiques, et **blanc** de la superposition de motifs différents.

N° 22 : **5**

SUPERPOSITION

Le troisième dessin est le résultat de la superposition des deux premiers où deux couleurs semblables donnent **blanc** et deux couleurs différentes donnent **noir**. (Logique horizontale et verticale.)

N° 23 : **7**

Exercice d'observation et d'attention.

N° 24 : **5**

Exercice d'observation et d'attention.

LES TESTS DE SÉRIES

LES SÉRIES DE NOMBRES

A - **16** 1 (+ 3) 4 (+ 3) 7 (+ 3) 10 (+ 3) 13 (+ 3) **16**
Chaque nombre s'obtient en ajoutant 3 au précédent.

B - **27** 37 (– 2) 35 (– 2) 33 (– 2) 31 (– 2) 29 (– 2) **27**
Chaque nombre s'obtient en retranchant 2 au précédent.

C - **25** 4 (+ 1) 5 (+ 2) 7 (+ 3) 10 (+ 4) 14 (+ 5) 19 (+ 6) **25**
Chaque nombre s'obtient en ajoutant un nombre qui croît de 1 à chaque fois.

D - **18** 9 (+ 1) 10 (+ 2) 12 (+ 1) 13 (+ 2) 15 (+ 1) 16 (+ 2) **18**
Chaque nombre s'obtient en ajoutant alternativement 1 et 2.
Ou plus simplement, on saute un nombre tous les deux nombres.

E - **25** 40 (– 3) 37 (– 2) 35 (– 3) 32 (– 2) 30 (– 3) 27 (– 2) **25**
Chaque nombre s'obtient en soustrayant alternativement 2 et 3.

F - **192** 3 (× 2) 6 (× 2) 12 (× 2) 24 (× 2) 48 (× 2) 96 (× 2) **192**
Chaque nombre s'obtient en multipliant le nombre précédent par 2.

G - **118** 13 (+ 1) 14 (× 2) 28 (+ 1) 29 (× 2) 58 (+ 1) 59 (× 2) **118**
Chaque nombre s'obtient en additionnant 1 et en doublant le nombre précédent.

H - **95** 4 (× 3) 12 (– 1) 11 (× 3) 33 (– 1) 32 (× 3) 96 (– 1) **95**
Chaque nombre s'obtient alternativement en multipliant le nombre précédent par trois et en soustrayant 1.

I - **2 552**	4 (× 3 puis – 1) 11 (× 3 puis – 1) 32 (× 3 puis – 1) 95 (× 3 puis – 1) 284 (× 3 puis – 1) 851 (× 3 puis – 1) **2 552** Exactement la même série que la précédente, mais les deux opérations sont effectuées avant d'afficher le résultat.
J - **2**	128 (: 2) 64 (: 2) 32 (: 2) 16 (: 2) 8 (: 2) 4 (: 2) **2** Chaque nombre s'obtient en divisant le précédent par 2.
K - **42**	2 (× 3) 6 (– 2) 4 (+ 1) 5 (× 3) 15 (– 2) 13 (+ 1) 14 (× 3) **42** Chaque nombre s'obtient en appliquant successivement les opérations × 3, – 2 et + 1, toujours dans cet ordre.
L - **35 262**	35 212 (+ 10) 35 222 (+ 10) 35 232 (+ 10) 35 242 (+ 10) 35 252 (+ 10) **35 262** Chaque nombre s'obtient en ajoutant 10 au précédent.
M - **60**	Soit : 57 (+ 9) 66 (– 8) 58 (+ 7) 65 (– 6) 59 (+ 5) 64 (– 4) **60** On additionne et on soustrait alternativement des nombres décroissants. Soit : 57 (66) 58 (65) 59 (64) **60**. C'est-à-dire deux séries, l'une croissante (+ 1) et l'autre décroissante (– 1), mise en évidence ici par les parenthèses).
N - **1**	13 (6) 10 (9) 7 (12) 4 (15) **1** Une série qui décroît régulièrement de 3, l'autre qui croit du même nombre.

LES SÉRIES DE LETTRES

1 - A (bcd) E (fgh) I (jkl) M (nop) Q (rst) **U** (vwx) **Y**
Ordre alphabétique, mais avec trois lettres qui manquent entre celles qui sont données.

2 - W (vu) T (sr) Q (po) N (ml) K (ji) **H** (gf) **E**
Ordre alphabétique en sens inverse, et avec deux lettres qui manquent entre celles qui sont données.

3 - A (b) C (de) F (ghi) J (k) L (mn) O (pqr) **S** (t) **U**
Ordre alphabétique, mais avec alternativement, 1, 2, et 3 lettres qui manquent entre celles qui sont données.

4 - A (Z) C (X) E (V) G (T) I (R) **K (P)**
Deux séries : alternativement une lettre sur deux de l'alphabet dans l'ordre, et une lettre sur deux de l'alphabet en ordre inverse.

5 - C (d) E E (f) G (h) I I (j) K (l) **M M**
Une lettre sur deux en ordre alphabétique, et une lettre sur deux est répétée.

6 - A D C F E H G **J I**
La série avance de 3 lettres dans l'alphabet, recule d'une lettre puis avance de nouveau de trois.

7 - D A C B H E G F L I **K J**
Si l'on prend l'alphabet par groupe de 4 lettres, la série les inscrit toujours dans l'ordre suivant : quatrième lettre, première lettre, troisième lettre et deuxième lettre.

8 - B (c) D (f) G (h) J (k) L (m) N (p) **Q** (r) **S**
La série ne s'applique qu'aux consonnes et en saute une entre chaque lettre donnée.

LES SÉRIES MIXTES

I - **Q17** Deux séries. Les nombres et les lettres avancent en sautant deux termes à chaque fois. De ce fait, ils avancent de pair et le nombre qui suit la lettre correspond toujours au rang de celle-ci dans l'alphabet (B 2e lettre, E 5e, etc.).

II - **V1** Deux séries. Les nombres décroissent régulièrement, sautant 2 nombres à chaque fois. Les lettres avancent dans l'alphabet sautant 3 lettres à chaque fois.

III - **16 B** Les nombre doublent à chaque fois. Les lettres sont dans l'ordre inverse de l'alphabet, sautant une lettre sur deux, et viennent alternativement seules et par paires.

IV - **Y2** Les nombres répètent régulièrement les trois chiffres 2, 3 et 4. Les lettres progressent dans l'alphabet, sautant autant de lettres que le chiffre l'indique (donc successivement 2, 3 et 4).

V - **K10** Les lettres viennent alternativement seules et deux à la suite, et sautent une lettre chaque fois qu'il y a un nombre entre elles. Les nombres croissent régulièrement, sautant un nombre chaque fois qu'il y a deux lettres à la suite (ou si l'on préfère : les nombres progressent, alternativement + 1 + 2).

VI - **35U** Les nombres progressent en sautant à chaque fois deux fois plus de nombres que la fois précédente ; de même, les lettres progressent en sautant toujours deux fois plus de lettres que la fois précédente.

LES TESTS DE CARTES À JOUER

N° 1 OPÉRATION

Valeur : la carte de droite de chaque rangée représente la somme des valeurs des cartes précédentes.
Couleur : toutes les cartes d'une même colonne sont de la même couleur.

N° 2 SÉRIE

Valeur : sur chaque rangée, les cartes sont en ordre décroissant.
Couleur : toutes les cartes d'une même rangée sont de la même couleur.

N° 3 OPÉRATION et SÉRIE

Valeur : la somme des valeurs de chaque colonne augmente d'un point en progressant vers la droite.
Couleur : toutes les cartes d'une même colonne sont de la même couleur.

N° 4 RÉPARTITION

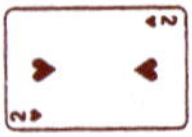

Deux mêmes cartes alternent sur les deux rangées.

N° 5 OPÉRATION

Valeur : la somme des valeurs de chaque colonne de deux cartes est toujours égale à 6. (La réponse « 1 de trèfle », avec un raisonnement analogue mais horizontal peut se justifier.)
Couleur : même rangée, même couleur.

N° 6 SÉRIE

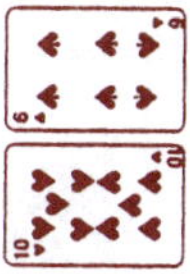

Valeur : deux séries qui croissent régulièrement d'un point en suivant les cartes en descendant en zigzag entre les deux colonnes (2 à 6 et 6 à 10).
Couleur : même colonne, même couleur.

N° 7 OPÉRATION

Valeur : la carte de droite de chaque rangée représente la somme des valeurs des cartes précédentes.
Couleur : quatre couleurs différentes par rangée.

N° 8 RÉPARTITION

Valeur : trois valeurs différentes (5, 8, 10) qui apparaissent une fois dans chaque rangée et chaque colonne.
Couleur : trois couleurs qui apparaissent chacune une fois dans chaque rangée et dans chaque colonne.

N° 9 OPÉRATION

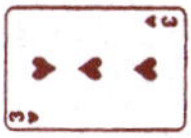

Valeur : la différence entre les cartes autour du Joker est la même (8 – 6 et 3 – 1 = 2). Donc appliquer le même raisonnement avec le groupe au-dessous (9 – 4 = 5 donc 8 – ? = 5). On peut aussi obtenir le résultat en prenant la différence entre les cartes du même côté (8 – 3 et 6 – 1 = 5). Ou la somme en diagonale (8 + 1 et 6 + 3 = 9) en haut, et qui donne le même résultat en bas.
Couleur : même couleur pour chaque ensemble de quatre cartes.

N° 10 SÉRIE ou OPÉRATION

Valeur : en haut des chiffres impairs en ordre croissant ; en bas des chiffres pairs en ordre décroissant.
Ou : somme des valeurs de chaque colonne = 13.
Couleur : toutes différentes par rangée.

N° 11 OPÉRATION

Valeur : la somme des valeurs de chaque colonne = 7.
Couleur : uniquement des piques.

N° 12 RÉPARTITION

Valeur : les cartes sont disposées symétriquement.
Couleur : quatre couleurs différentes par diagonale.

N° 13 OPÉRATION

Valeur : la carte du milieu représente la somme des valeurs des quatre cartes autour.
Couleur : même couleur pour chaque colonne.

N° 14 SÉRIE

Valeur : les chiffres se suivent en ordre numérique, de l'extérieur vers l'intérieur et successivement dans le sens des aiguilles d'une montre.
Couleur : trèfle à l'extérieur, cœur à l'intérieur.

N° 15 OPÉRATION

Valeur : la somme des valeurs de chaque rangée est toujours égale à 9.
Couleur : uniquement des carreaux.

N° 16 RÉPARTITION

Valeur : les cartes sont disposées symétriquement de part et d'autre du 8.
Couleur : la même symétrie s'applique.

N° 17 OPÉRATION

Valeur : les cartes du haut valent le double de celles du dessous. Ou : chaque carte représente la valeur des deux cartes qui la précèdent à gauche.
Couleur : deux couleurs en zigzag.

N° 18 SÉRIE

Valeur : ordre numérique décroissant (on saute deux chiffres entre chaque carte).
Couleurs : toutes différentes.

N° 19 OPÉRATION

Valeur : chaque paire de cartes allant vers le centre a une somme de 12.
Couleur : chaque paire est de la même couleur.

N° 20 RÉPARTITION

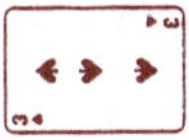

Valeur : symétrie diagonale autour du Joker (ou somme identique des cartes côte à côte).
Couleur : même valeur, même couleur.

N° 21 OPÉRATION et SÉRIE

Valeur : la somme des valeurs par colonne décroît de 1 à chaque fois.
Couleur : une couleur différente par rangée.

N° 22 SÉRIE

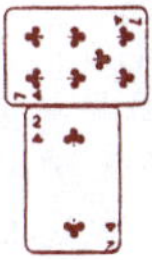

Valeur : une série croissante autour de l'étoile, alternant entre carte à l'extérieur et carte à l'intérieur.
Couleur : uniquement des trèfles.

LES TESTS D'ATTENTION

Identité
1, 3, 4, 7, 8, 11, 12, 14.

Ordre numérique
Nombres barrés :
54 223,12 – 33 533,12 – 55 223,02 – 55 233,13 – 55 223,33 – 56 325,03.

Ordre alphabétique
BELEM, ROME, JAKARTA, KARACHI, NAIROBI, QUITO, SÉOUL, TOKYO.

Comparaisons de listes
Leblanc, Éluard, Bernanos, Daudet, Hugo, Courteline, Giono, Maupassant.

Comparaisons numériques
15 26 34 97 ; 46 55 77 12 ; 46 79 82 13 ; 64 98 55 23 ; 97 97 58 97.

Comparaisons, ordre différent
1M, 2E, 3S, 4L, 5F, 6A, 7B, 8K, 9H, 10R, 11P, 12C, 13N, 14J, 15Q, 16G, 17 T, 18 I, 19O, 20D.

Tri sélectif
3, 4, 6, 10, 12, 13, 16, 20, 22, 23, 25.

LES TESTS DE MÉMOIRE

Exercice 1

Locomotive, une cheminée en plus.
Navet, tache claire sur le côté.
Chien, queue plus basse.
Maison, une fenêtre en moins.
Marteau, tourné.
Montre, heure modifiée.
Chat, tête tournée.
Avion, deux réacteurs en moins.
Poivron, tige coupée.
Pince, tournée à 180°.
Arbre, branches en plus.
Veste, un bouton en plus.

Marquez 1 point pour chaque modification trouvée. 6 points vous placent dans la moyenne.

Exercice 2

Il fallait cocher le dessin 1 dans les deux cas.

Exercice 3

1 - I4
2 - D4
3 - E2
4 - C1
5 - G4
6 - H2
7 - F1
8 - B3
9 - A1

Marquez un point si la lettre est juste et un autre point si le chiffre l'accompagnant l'est aussi. Un score de 8 vous place dans la moyenne.

Exercice 4

1 - « Le plus bête ».
2 - Orthographe.
3 - Deux.
4 - « La Joconde ».
5 - Cinquante ans.
6 - Moins.
7 - Faux (chaque année).
8 - 1 500.
9 - Cinq.
10 - 41 millions.

Marquez 1 point par question juste – même si vos chiffres sont exprimés en d'autres termes (50 % au lieu de « la moitié »). 6 points vous placent dans la moyenne.

Composition réalisée par Chesteroc Ltd

Achevé d'imprimer en mai 2006 en Espagne par
LIBERDÚPLEX
Sant Llorenç d'Hortons (08791)
N° d'éditeur : 69104
Dépôt légal 1ère publication : septembre 1993
Edition 05 - mai 2006
LIBRAIRIE GÉNÉRALE FRANÇAISE - 31 rue de Fleurus - 75278 Paris Cedex 06

30/8125/4